邪馬台国とヤマト建国の謎

関 裕二

PHP文庫

JN119878

○本表紙図柄＝ロゼッタ・ストーン（大英博物館蔵）
○本表紙デザイン＋紋章＝上田晃郷

はじめに

この仕事を始めた頃、邪馬台国《やまたいこく》などどこでもよいと考えていた。われわれが知りたいのは、ヤマト（日本）はどうやって誕生したのか、ヤマトの王の正体、そして日本人の信仰と習俗の本質は何かではないのか？　邪馬台国は二の次であり、本当に知りたいのは、日本の歴史の根本だと思っていた。

もちろん、邪馬台国がわからなければ、日本史の基礎も理解できないだろう。しかし考古学は、ヤマト建国の詳細を明らかにしてしまった。そのヤマト建国の経過は、われわれが予想だにしなかったダイナミックなものだった。世界史を見てもこんな珍しい国の成り立ちがどこにあったのかと驚かされるほどおもしろい。

そして問題は、これまでの邪馬台国論争で提出された多くの仮説は、考古学の導きだした「ほぼ同時代のヤマト建国の行程」と嚙《か》み合わなくなってしまったことなのだ。つまりすでに、邪馬台国論争は陳腐化しつつあるわけだ。

いや、少し違う。考古学がヤマト建国のいきさつを明らかにしてくれたのだから、邪馬台国をこれまでとは別の視点から見つめ直せばよいのだ。邪馬台国の真相はあと一歩で解《と》き明かせるところまで来ている。そしてだからこそ、今、邪馬台国を語っておかなければならないのである。

そこで、新たな仮説を用意しようと思う。それは、倭国《わこく》の女王・卑弥呼《ひみこ》は、魏《ぎ》の使者の邪馬台国（邪馬台国はあくまでも〝倭国の女王が住むところ〟だ）訪問を、嫌っていたのではないか、というものだ。あらゆる手段を講じて、妨害しようとしていたのではないか……。北部九州の邪馬台国は偽物《にせもの》で、本当の「ヤマト」は畿内《きない》にあった……。

卑弥呼の仕掛けた巧妙なトリックのネタがばれるから、魏の使者の邪馬台国訪問を阻止したかったわけだ。

そして、ここから導きだされる新たな邪馬台国論とは……。魏だけでなく、われわれも、卑弥呼にだまされていたのだ。まんまとやられたまま、千数百年の年月が流れてしまったのである。

ただそれにしても、このような疑念をかけただけで、難題中の難題だった邪馬台国論争が本当に解けるのか、と思われるだろう。解けない謎《なぞ》ほど、たったひとつの糸口からほころびをみせるものなのだ。だまされたと思って、続きの話を読んでほしい。

卑弥呼のついたウソと、邪馬台国の仕掛けたトリックがわかれば、邪馬台国論争は終焉《しゅうえん》する。

では、卑弥呼が行なっていたと思う工作《トリック》とはどのようなものだったのか、簡単に説明しておこう。

対馬《つしま》、壱岐《いき》を経由して九州島に上陸した魏の使者の旅程《ルート》が奇妙だ。

邪馬台国から朝鮮半島に続く道は、古代の流通と外交上の要衝《ようしょう》であった。道や航路が整備されていたはずなのだ。多くの人々が行き交《か》い、物資が運ばれていただろう。

たとえば朝鮮半島南部に鉄の産地があって、多くの地域の人々が群《むら》がっていた。もちろん、その中に倭人《わじん》もいて、朝鮮半島から鉄を日本列島に持ち帰った。邪馬台国の繁栄も、交易に支えられていたはずだ。

ところがここに、大きな謎が生まれる。対馬、壱岐を経由して九州島の末盧国《まつらこく》（佐賀県唐津《からつ》市周辺）にたどり着いたあと、「魏志倭人伝《ぎしわじんでん》」には摩訶不思議《まかふしぎ》な記事が載《の》る。

末盧国には四〇〇〇余《よ》の人家がある。山海のまぎわに棲《す》んでいる。草木が茂り、前を行く人も見えないほどだ。魚やアワビを捕《と》ることを好み、浅い海、深い海に潜《もぐ》って取っている。東南に陸路を進むと、五〇〇里《り》で伊都国《いとこく》（福岡県糸島《いとしま》市と福岡市西区の旧怡土《いと》郡）に到着する……。

なぜ今まで、この記事が注目されなかったのだろう。なぜ末盧国から伊都国に向かうのに、陸路をとったのだろう。道がしっかり整備されていたわけではない。経済と戦略の重要な道がブッシュで、獣道《けものみち》よりもひどかったという話、にわかには信じられない。使者はなぜ、末盧国で船を下り、誘われるまま藪《やぶ》の中に潜りこんだのか。

ここは、船を利用するべきだったし、普段の倭人は、そうしていたはずなのだ。ならばなぜ、魏の使者は「前を行く人の背中が見えないブッシュ」を歩かされたのか。最後の最後で、船を使えぬ重大な理由があったのではないか。

弥生時代の北部九州が栄えたのは、朝鮮半島への航路を掌握していたからだろう。奴国《なこく》（福岡県福岡市と周辺）出身の阿曇《あずみ》氏が、のちにヤマト政権から日本全体の海人《あま》を統率する役目を与えられたのも、彼らが優秀な海人だったからだ。とすれば、末盧国から伊都国まで船で移動しないのは、どう考えても不自然なことではないか。

船が使えなかったのは、倭国側の事情だろう。「忍者のように藪の中を進んだ」理由は、ふたつあると思う。ひとつは、倭国と魏との間の外交が、隠密《おんみつ》行動だったこと。もうひとつは、魏の使者に邪馬台国訪問をあきらめさせるためだと思う。

そもそも、北部九州沿岸部から南へ水行（船で）二十日行くと投馬国《つまこく》があり、さらに南に行くと邪馬台国に着くが、水行十日、陸行（歩きで）一月を要すると言っているのも、「往復に二ヶ月以上かかる場所」「藪を一月×二も歩く」と言っているのであって、これを聞けば「邪馬台国訪問」をあきらめる十分な動機になっただろう。そして、この邪馬台国に至る旅程が「魏志倭人伝」にそのまま記録されてしまったがために、邪馬台国論争は泥沼《どろぬま》化したのだと思う。

ならば、卑弥呼が魏の使者の訪問を嫌った理由はあったのだろうか。

最大のヒントは、弥生時代後期の北部九州の繁栄を牽引《けんいん》してきた伊都国と奴国のことだ。「魏志倭人伝」は、「伊都国には一大率《いちだいそつ》（派遣官）が置かれていた」と言い、その一方で、近くの奴国を軽視している。伊都国よりも奴国のほうが人口密集地帯だったのに無視している。後漢《ごかん》から金印《きんいん》を授かった倭国を代表する国だった奴国を、冷淡に扱かったのはなぜだろう。

ヒントはある。考古学は、三世紀（邪馬台国と同時代）の奴国にヤマトや山陰の人々が押し寄せていたことを突きとめている。まるで、奴国に楔《くさび》を打ち込み、北部九州を威圧するかのような形になっていたのだ。奴国は、いち早くヤマトに屈していた地域でもあった。ここに、「魏志倭人伝」の不可解な記事を解き明かすヒントが隠されていると思う。

江戸時代の国学者《こくがくしゃ》・本居宣長《もとおりのりなが》は、北部九州の卑弥呼が、「われわれはヤマト（邪馬台国）」と、偽《いつわ》って魏に報告したと推理した（偽僭説《ぎせん》）。ほぼ忘れ去られた仮説だが、「海の民《たみ》の拠点・奴国を席巻《せっけん》してしまったヤマト」「海路をとらずブッシュを歩かされた魏の使者」「歴史ある奴国を軽視した」という不思議に、偽僭説という古くて新しい仮説が、ぴったりと合ってくるのである。

筆者は何度も、「偽僭説が正しい」と、他の拙著の中で述べてきたが、ここに来て、その確証を得るに至った。そこで改めて、邪馬台国論を展開しようと思う。乞うご期待。

令和三年十一月

関　裕二

邪馬台国とヤマト建国の謎　目次

第二章　考古学は邪馬台国の何を明らかにしたのか

第三章　歴史的事実が指し示す北部九州の真相

第四章　新邪馬台国論 ―ヤマト建国の真相―

第一章

〝邪馬台国論争〟を俯瞰する

『日本書紀《にほんしょき》』は神功皇后《じんぐうこうごう》を卑弥呼《ひみこ》とみなしていた?

百年以上にわたって邪馬台国《やまたいこく》論争は続いてきて、それぞれの理論は緻密《ちみつ》になってきているが、肝心なことを見落としていることが多い。

たとえば邪馬台国を描いた唯一の文書は「魏志倭人伝《ぎしわじんでん》」と信じられているが、これは「思い込み」「勘違い」であって、大切な文書を、われわれは見落としてきた。

それが、日本側の資料で、西暦七二〇年に完成された正史《せいし》『日本書紀』である。『日本書紀』神功皇后摂政《せっしょう》三十九年から四十三年にかけての複数の記事に、「魏志倭人伝」が引用されている。

明帝《めいてい》の景初《けいしょ》三年(二三九)六月に倭の女王が大夫難斗米《たいふなんとまい》らを遣《つか》わし、郡《こおり》(帯方郡《たいほうぐん》)に至って天子《てんし》に詣《もう》でて朝献《ちょうけん》することを求めた。太守鄧夏《たいしゅとうか》は、役人を派遣して連れ立って送り、京都《けいと》(魏の都洛陽《らくよう》)に至らしめた。

さらに、正始《せいし》元年（二四〇）、正始四年（二四三）の記事が載《の》る。魏の使者が派遣され、詔書《しょうしょ》や印綬《いんじゅ》を奉《たてまつ》って、倭国《わこく》に至ったこと、倭王は使者八人を派遣し、上献したとある。まさに、これは「魏志倭人伝」の記事を引用しており、『日本書紀』編者が邪馬台国や卑弥呼の存在を知っていたことがわかる。そして、女傑《じょけつ》・神功皇后の箇所でこの記事を載せているということは、神功皇后を邪馬台国の卑弥呼とみなしていたことになる。

とすれば、『日本書紀』の邪馬台国にまつわる記事に関心を示さずにはいられない。ところが、史学者の多くは、これらの貴重な記事を軽視している（無視と言った方が近い）。卑弥呼と神功皇后では、時代が合わないと言う。

『日本書紀』がなぜ、卑弥呼と神功皇后を結びつけてしまったのか、水野祐《みずのゆう》はおよそ次のように推理する。

『日本書紀』は神武《じんむ》即位元年を辛酉年《しんゆうのとし》（今から二千数百年前の弥生《やよい》時代）に定めたため、歴史を引き延ばす必要に迫られた。そこで着目したのが「魏志倭人伝」の女王卑弥呼の記事だ。神功皇后なる架空の人物を故意に卑弥呼に擬定《ぎてい》して、その上で六十九年という摂政紀を用意し、宝算《ほうさん》（天子の年齢）を百歳として記載してしまったと言うのだ（『日本古代国家』精選復刻紀伊國屋新書）。

もっとも、そう考える理由も、わからないではない。まず、神功皇后は第十四代仲哀《ちゅうあい》天皇の正妃《せいひ》で、第十五代応神《おうじん》天皇の母だ。第九代開化《かいか》天皇の末裔《まつえい》で、母方の祖はアメノヒボコだ。実在したとすれば、いつ頃の人だろう。通説は第十代崇神《すじん》天皇を実在の初代王と考え、三世紀後半か四世紀前半の人物とみなす。そこから計算すれば、神功皇后は四世紀後半頃の人となり、邪馬台国の時代とは重ならない。それを裏付けるかのように、神功皇后摂政紀（「紀」は『日本書紀』を指す）五十五年の記事に、「百済《くだら》の肖古王《しょうこおう》薨《みまか》る」とある。『百済本紀《ほんぎ》』巻一には、百済第五代肖古王（一六六〜二一四）が登場するが、『日本書紀』が言っている「肖古王」は、百済第十三代の近肖古王《きんしょうこおう》（三四六〜三七五）を指していると考えられている。『日本書紀』編者が「魏志倭人伝」の邪馬台国記事を「女傑（神功皇后）が活躍する時代に無理矢理押し込めるために干支《かんし》二巡（百二十年）下げてしまった」と推理し、これが定説となっている。

しかし、考古学が興味深い事実をわれわれに突きつけている。神功皇后の九州遠征が、三世紀のヤマトの行動にそっくりそのまま、ぴったりと当てはまるのだ。

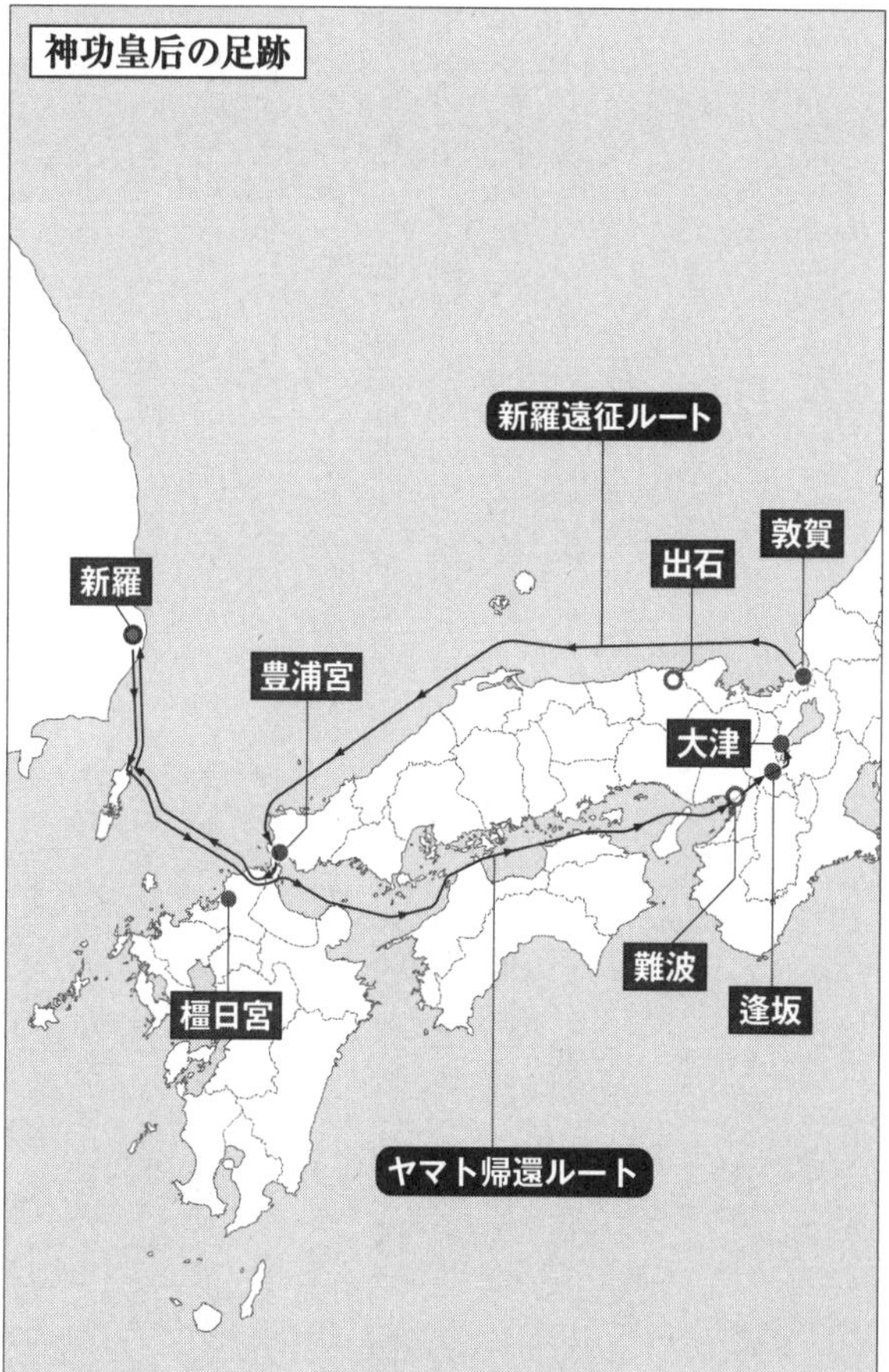

（『日鮮神話伝説の研究』三品彰英（平凡社）などを参考に作成）

たとえば、神功皇后は橿日宮《かしひのみや》（福岡市東区）に拠点を構えたが、これは旧奴国《なこく》の領域で、まさにヤマト側の多くの人々が、この一帯になだれ込んでいたことがわかっている。また、「東側からやってきた人たちが奴国を支配するとすれば、橿日宮の地の利《り》がもっとも合理的」なのだ。地政学的にも、神功皇后の行動は的《まと》を射ているし、気になってしかたないのは、初代神武天皇の母と祖母がふたりとも海神の娘で、その海神を祀《まつ》っていたのが阿曇《あずみ》氏だったことなのだ。阿曇氏はこの周辺、糟屋《かすや》郡安曇郷《あずみごう》（現在の福岡市東部）を根源とする海人《あま》族だ。この阿曇氏こそ、奴国王の末裔だった可能性が高く、天皇家の母系の祖が「奴国」と強く結ばれていたこと、その奴国の地に、神功皇后が乗り込んでいて、『日本書紀』は「卑弥呼かもしれない」と言っている。これを無視していてよいのだろうか。偶然が重なったにすぎないと、やりすごしてよいのだろうか。

じつは、ここに、邪馬台国を解《と》く鍵《かぎ》が詰まっていると、筆者はみる。だからここから、これまでの常識や思い込みを取っ払って、邪馬台国をめぐる複雑怪奇な謎《なぞ》解きをしていくのである。

纒向《まきむく》遺跡の発見と優位に立った〝畿内《きない》説〞

さて、古代史に精通した人々が集まると、邪馬台国論争の話になることがままある。

で、不用意に「小生は北部九州説」と口を滑《すべ》らせると、「今さら何を考えているんだ」

と、たいがいの場合、総スカンを食らってしまう。優勢だった邪馬台国北部九州説の勢いは、もう遠い過去の話だ。特に、関西の考古学者は、「邪馬台国は畿内で決まった」と、鼻息が荒い。三世紀に出現した纒向遺跡（奈良県桜井市《さくらい》）が、邪馬台国そのものだったとみなされているのだ。

たとえば寺沢薫《てらさわかおる》（纒向学研究センター・センター長）は纒向遺跡について、次のように述べている。

この遺跡は規模が巨大なだけでなく、北部九州のイト倭国の時とは比較にならな

纒向遺跡辻地区。特に重要なエリアで、3世紀から5世紀末にわたる様々な遺構が発見された

いほどの広域な交流の輪を拡げ、周辺に前方後円墳《ぜんぽうこうえんふん》が築造され、古墳《こふん》時代につながる諸々の祭祀《さいし》が行われるなど、三世紀の日本列島でこれに匹敵《ひってき》する政治的、祭祀的な遺跡を他に探すことはできない。だから、この時期の「ヤマト」に権力の中枢を置く、倭国《わこく》の新しい政体《せいたい》が誕生したことはもはや動かし難《がた》い（『日本の歴史02　王権誕生』講談社）。

その上で、纒向遺跡こそ、倭国王の卑弥呼の都だったと主張している。纒向で前方後円墳が造られ始め、この各地から寄せ集めた新たな埋葬文化を、地方に割《かっ》拠《きょ》していた首長《しゅちょう》（王）が受け容《い》れていったことも、大きな意味を持っている。ちなみに、纏向を代表する前方後円墳が、箸《はし》墓《はか》（箸中山古墳《はしなかやま》）である。

岸本直文《きしもとなおふみ》（大阪市立大学大学院）は、邪馬台国を中心に三〇の国が結びついたと「魏志倭人伝」にある邪馬台国は、畿内のヤマトであり、これはすでに決着していて、北部九州を従えていたのはヤマトだったと推理している（『史跡で読む日本の歴史2』吉川弘文館）。

なるほど、実在の初代王は第十代崇神天皇と考えられているが、彼ら黎明期《れいめいき》の王たちは、纏向遺跡の周辺に宮を置いたと『日本書紀』は言う（磯城瑞籬宮《しきのみずがきのみや》、纏向珠城宮《まきむくのたまきのみや》、纏向日代宮《ひしろのみや》）。さらに崇神天皇の時代に、「三輪山《みわやま》の出雲神《いずもしん》（大物主神《おおものぬしのかみ》）」の話が記録されている。三輪山や纏向は、ヤマト政権の揺籃《ようらん》の地だったことがわかる。

三世紀の日本列島を見渡してみて、纏向遺跡に匹敵する遺跡は見当たらない。規模だけではない。日本各地に与えた影響力の大きさが、桁外《けたはず》れなのだ。

そこで纏向遺跡について、簡単にまとめておこう。

弥生時代の戦乱を一気に収拾した纏向遺跡

三輪山山麓《さんろく》の扇状地《せんじょうち》に、三世紀初頭（二世紀後半から末とする説もある）、政治と宗教に特化された集落が出現した。この後、約百五十年、国の中心となった。

それまで何もなかった土地に、突然人々が寄り集まり、忽然《こつぜん》と都市が現れたイメージだ。また、竪穴《たてあな》式住居と農地がみつかっておらず（高床《たかゆか》式の建物はあった）、庶民の生活の場ではなかったこともわかっている。

広さは東西二キロメートル、南北一・五キロメートルで、のちの時代の都城《とじょう》の「宮域《きゅういき》」と遜色《そんしょく》ない。

地の利も抜群で、すぐ近くに最古の市場＝海柘榴市《つばいち》があって、そこは縄文《じょうもん》時代、すでに東日本と陸路でつながっていた。交通の要衝《ようしょう》でもあったのだ。

遺跡からみつかった土器の内三割は外来系（他地域からもたされた）で、比率は伊勢《いせ》・東海四九％、山陰・北陸一七％、河内《かわち》一〇％、吉備《きび》七％、関東五％、近江《おうみ》五％、西部瀬戸内《せとうち》三％、播磨《はりま》三％、紀伊《きい》一％になっている。当時もっとも栄えていた

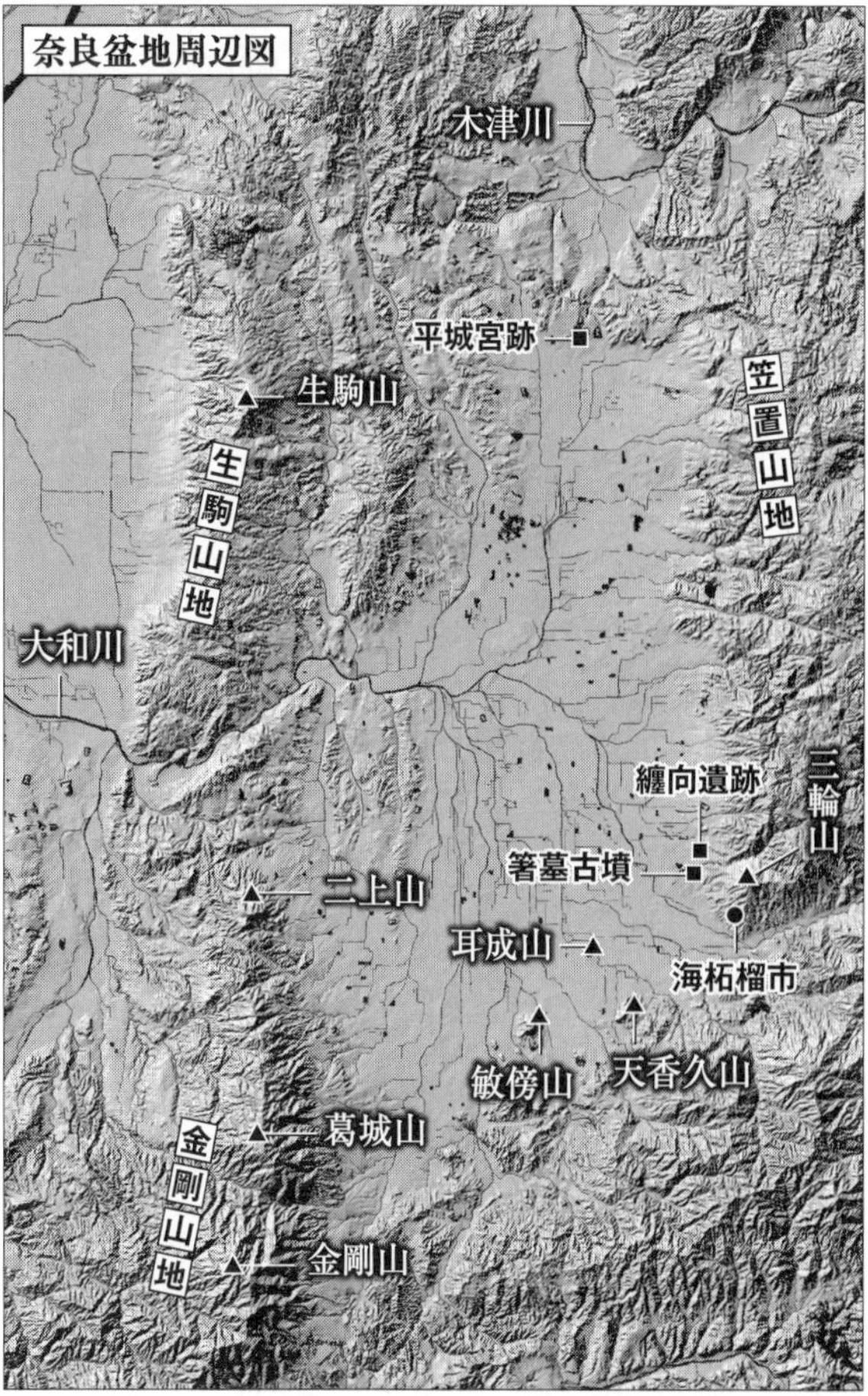

（国土地理院：陰影起伏図を加工して作成）

はずの北部九州の土器がほとんどないところに、大きな謎がある。

弥生時代後期の日本列島は騒然としていて、各地に防御性の高い集落（高地性集落）が造られ、緊張が高まっていた。中国側の史料には、「倭国乱《わこくのらん》」「倭国大乱《わこくたいらん》」と記録されている。

纏向遺跡は、戦乱の時代に終止符を打った可能性が高い。たとえば、一時「邪馬台国ではないか」と騒がれた吉野ヶ里《よしのり》遺跡（佐賀県神埼《かんざき》郡吉野ヶ里町と神埼市）には、遺跡全体を囲む環濠《かんごう》が掘られ、柵がめぐらされていたが、纏向遺跡には防御のための「環濠（壕）」が見当たらず、また、各地から人々が集まってきて、新たな埋葬文化（前方後円墳）を構築し、これが各地に伝播《でんぱ》していった。混乱は一気に収拾し、日本列島の大部分をカバーする広域連合体が生まれていた可能性が高まっている。

つまり、纏向遺跡が出現したことで、平和裡《へいわり》に混乱が収拾していたようなのだ。

弥生時代の戦乱を一気に収拾した纏向遺跡。そして、前方後円墳が三世紀から四世紀にかけて広範囲に伝播していったとなれば、ここが邪馬台（ヤマト）国と考えるのも当然といえば当然のことだった。

それだけではない。炭素14年代法（放射性炭素C14の半減期が約五千七百年という性格を利用して遺物の実年代を測る方法）によって、周濠《しゅうごう》部分から出土した木片を調べたところ、箸墓の造営は三世紀半ばの可能性が出てきた。箸墓に葬《ほうむ》られていたのは大物主神の妻でヤマトを代表する巫女《みこ》でもあった倭迹迹日百襲姫命《やまとととびももそひめのみこと》と記録されているが、卑弥呼の死が、ちょうど三世紀半ばで、箸墓こそ卑弥呼の墓ではないかと唱えられ始めたのだった。

ところが、邪馬台国畿内説を安易に受け容れられない要因が、いくつもある。

まず、箸墓も、「卑弥呼の墓で決まった」と畿内論者は声高に叫ぶが、無邪気に肯定できない。というのも、炭素14年代法には誤差があって、箸墓でみつかった木片の場合、もっとも古く見積もれば三世紀半ばだが、数十年の誤差を考慮に入れねばならぬ。造営が四世紀にずれ込んでも、なんの不思議はないのだ。

ヤマト建国の絶対年代にまつわるあれこれ

ここで、ヤマト建国と箸墓造営の絶対年代について、改めて考えておきたい。炭素14年代法をめぐるあれこれだ。

日本における炭素14年代法の研究の中心は国立歴史民俗博物館（千葉県佐倉《さくら》市。通称「歴博」）なのだが、炭素14年代法を根拠に、「箸墓古墳は卑弥呼の墓」と発表している。西暦二四〇～二六〇年頃、箸墓古墳は築造されたと推定した。ヤマト建国もこの時期ということになるし、もちろん、邪馬台国はヤマトだったことになる。

さらに、平成二十一年（二〇〇九）に、纏向遺跡で宮殿と目される建物の跡がみつかり、女王卑弥呼の宮殿か、と桜井市教育委員会が発表して、マスメディアも大大的に報道した。炭素14年代法の「裏付け」を前提に、纏向遺跡に卑弥呼が立っていたことを、何の疑念も持たずに、推定している。これで本当によいのだろうか。

炭素14年代法によって、弥生時代の始まりの時期が大幅《おおはば》に古くなることがわかったり、じつに多くの功績を上げているが、箸墓築造の時期をめぐる推定は、勇《いさ》み足だったと思う。誤差の幅を無視してはいけない。

もちろん、反論する考古学者は、少なくなかった。たとえば森浩一《もりこういち》は、「考古学的にみて三世紀後半から四世紀前半と推定される宮殿のものと推測できる建物遺構」なのに、それを「三世紀前半だけに絞って強弁するのも学問の進め方としては異常である」と指摘し、「太平洋戦争の大本営の発表とそれによって人々が扇動されていったあの苦い歴史を思い出した」と、指摘している（『倭人伝を読みなおす』ちくま新書）。本当にその通りだと思う。畿内論者の考古学者は、反省すべきだ。

安本美典《やすもとびてん》は、炭素14年代法や年輪年代測定法の問題点を掲げている。これらの方法を用いて測定した場合、遺跡の築造年代よりも著しく古い年代を言い当ててしまうことがある（古木効果）と指摘している。

その根拠は、以下の四つだ。

①樹木の運搬の労力は絶大で、そのため古木を使い回し（再利用）することがしばしばだった（だから、箸墓から出土した木片を根拠に、箸墓築造の絶対年代は把握できない）。

②『日本書紀』に流木を活用したという記事がある（仁徳紀《にんとくき》）。

③木材の水分と油分を抜くために長期間寝かせる場合がある。

④大木の年輪のどこを測定したかによって、年代にバラツキがでる。

その上で安本美典は、マスメディアの報道にも苦言を呈する。

マスメディアが歴博に踊らされているという構造、状況は、旧石器捏造《ねつぞう》事件とよく似ており、同じような失敗、そして予想もできないような展開がまた繰り返されようとしているように思える。私たちは、再現性のないデータ（他の人がたどったのでは同じ結果の得られないもの）による、虚説の流行を許してはならない（『「邪馬台国＝畿内説」「箸墓＝卑弥呼の墓説」の虚妄を衝く！』宝島社新書）。

手厳しい非難だ。しかし、まさにその通りだと思う。箸墓の築造は、三世紀後半以降で、四世紀の可能性も視野に入れるべきだ（炭素14年代法の結果を普通に考えれば、そう言わざるを得ない）。

だから、今の段階で箸墓を卑弥呼の墓と断言することはできない。「三世紀半ばの造営」と頑《かたく》なに主張するのは、「邪馬台国の卑弥呼はヤマトの女王」と信じているからであって、客観的で決定的な証拠は、どこにもないのだ。

〝畿内説〟がはらむ致命的な矛盾《むじゅん》

さらに、邪馬台国畿内説には、決定的な矛盾が潜《ひそ》んでいる。

「魏志倭人伝」には、邪馬台国に至る行程を、次のように記録している。

「北部九州沿岸部から南に行くと投馬国《つまこく》（不明。諸説あり）に至る。水行（船で）二十日かかる。さらに（あるいは、北部九州沿岸部から）南に行くと、邪馬台国に至る。水行十日と陸行（歩いて）一月（あるいは、水行なら十日、陸行なら一月）で着く」


のちにもう一度詳しく触《ふ》れるが、この記述のまま南に進めば、九州島を通り越して海に没してしまう可能性が高い。そこで、色々な読み方が試されてきたわけだが、畿内論者は、「南は東と読み直すべき」と指摘し、邪馬台国は北部九州から東に向かったヤマトにある、と主張したのだった。そして、纏向遺跡の全容が見えてきて、畿内論者は強気に、「すでに決まったようなもの」と胸を張るわけである。


しかし、「魏志倭人伝」には、次の問題の一節が記されている。

「邪馬台国の南側に狗奴国《くなこく》があって男王が立っている。女王（卑弥呼）には従属していない（中略）。正始八年（二四七）、倭の女王卑弥呼は、狗奴国と仲が悪く、攻め合っていると、その様子を帯方郡に報告した」

この結果、魏は卑弥呼に詔書と黄幢《こうどう》（黄色い垂れ旗）を授けたが、すでに卑弥呼は亡くなっていたという。

このように、邪馬台国の南側にある狗奴国と交戦中に、卑弥呼は亡くなってしまったようなのだ。

問題は、「邪馬台国の南の狗奴国」を、畿内論者は「邪馬台国の東の狗奴国」と読み直す必要があって、となるとヤマトの東側の巨大勢力となれば、東海（伊勢湾沿岸地域）がふさわしいことになる。ところが（これものちに詳しく触れるが）、纒向出現の最初期にヤマトに乗り込んできたのは東海地方の人々で、彼らが好戦的でヤマトを席巻《せっけん》したのかというとそのようなことはなく、奈良盆地の東南に拠点を構えていた。この東海地方の動きが、他の勢力のヤマト入りを促した可能性が高い（くどいようだが、これは大切なところなので、のちに詳述する）。少なくとも、「『ヤマト＝邪馬台国』と『南＝東側の狗奴国＝東海勢力』は、雌雄《しゆう》を決するような戦闘を行なっていたわけではなかった」のであって、「南を東に読み改めればヤマトに至る」という「魏志倭人伝」の読み方そのものが、間違っていた可能性が高くなってしまうのである。

これは、邪馬台国畿内説の、致命的な矛盾ではないか。

邪馬台国論争よりもヤマト建国史が大切？

国立歴史民俗博物館研究部教授で日本を代表する考古学者・松木武彦《まつぎたけひこ》は、NHKのとある番組内で、「邪馬台国はもうどうでもよい」と発言して周囲をあわてさせていたが、そのあとに「ただ私は、畿内論者ですが」と付け加えて、ニヤリとしていた（正確な番組名を思い出せず、申し訳ない）。松木武彦の言いたかったことはなんだろう。勝手に憶測すると、次のようになる。

考古学は三世紀の纏向の発展と北部九州への人々の移動を突きとめている。しかも、ヤマト政権を象徴する前方後円墳は、纏向で生まれ、古墳時代は六世紀末まで続いた。この様子を見る限り、邪馬台国時代の最大勢力はヤマトであり、国の中心に発展していく。だからこそ、邪馬台国はヤマトでよいだろう。ただし、「魏志倭人伝」の邪馬台国に至る道程記事が、ネックになっていて、邪馬台国をはっきりとヤマトと言いきれなくなっている。だから、邪馬台国論争は一度横に置いて、ヤマト建国の真相を、さらに明らかにする方が、先決である……。

おおよそ、こんなところではなかろうか。考古学が進展し、ヤマト建国の歴史そのものが、世界史的に見ても不思議な事件で、力を持たない、権力者を生みたくない人々がヤマトに集まって、王（のちの天皇）を立てていたこともわかってきた。こちらをさらに研究した方が、楽しくてしかたないという事情もあるだろう（詳しくはのちに）。

考古学的に純粋に眺めれば、邪馬台国は畿内のヤマトがふさわしい。しかし、「魏志倭人伝」の記事とうまく符合しない……。ここまで考古学が発展しているのに、なぜ、邪馬台国論争は、ねじれにねじれるのだろう……。

そこで謎を解き明かす前に、そもそも邪馬台国論争は、なぜ長引いたのか、「魏志倭人伝」の読み方を間違っていたのか、論争の歴史そのものを俯瞰《ふかん》しておこう。

まず、基礎知識を確認しておく。「魏志倭人伝」の素姓《すじょう》は、以下の通り。

①「魏志倭人伝」とは、中国の歴史書『三国志《さんごくし》』の『魏志』（魏国の歴史）の東夷伝《とういでん》の中の倭人条《わじんのじょう》の通称だ。

②『三国志』は西晋《せいしん》の陳寿《ちんじゅ》が撰した歴史書。後漢《ごかん》末期から三つの国（魏・呉《ご》・蜀《しょく》）が覇権《はけん》を争った時代（西暦一八〇～二八〇年頃）の記録。三国鼎立《ていりつ》は混乱と疲弊の時代だった。魏は建国後、朝鮮半島に触手を伸ばし、倭国の卑弥呼は、いち早く外交戦を手がけていた。

③陳寿は蜀の遺民《いみん》。『魏志』は『魏書《ぎしょ》』と『魏略《ぎりゃく》』を、『呉志《ごし》』は『呉書《ごしょ》』を参考にし、『蜀志《しょくし》』は、陳寿の見聞に基づき記されたとされている。

その「魏志倭人伝」には、帯方郡から邪馬台国に至る行程が、こと細かに記されている。そして、北部九州沿岸部までの旅程は、ほぼ再現できるし、記事の多くは民族学的にも考古学的にも正確だったことがわかっている。佐原真《さはらまこと》は、「考古学が新しい事実を明らかにしていくほど、魏志倭人伝の記載の正しさを実証していっている。考古学と話がよく合うことがますますふえている」（『魏志倭人伝の考古学　歴博ブックレット①』歴史民族博物館振興会）と、指摘している。

「魏志倭人伝」に記された邪馬台国に至る行程

「魏志倭人伝」は「倭人は帯方の東南大海の中にあり」と述べ、魏の帯方郡からみて東南の方角の海の中にあると記す。そこでまず、旅程と各地の戸数と気になる記事を拾い上げてみる。

昔は、一〇〇以上の国があって、漢《かん》の時代、来朝する者がいた。今使節が往き来しているのは三〇の国々だ。帯方郡から倭に行くには、（朝鮮半島の）海岸線に沿って船で行き、韓の国々を通過し、南に向かい、ある時は東に向かう。倭の北の対岸の狗邪韓国《くやかんこく》に到着する。帯方郡から七〇〇〇里あまりで、ここから海を渡って一〇〇〇里あまり行くと対馬国《つしまこく》（長崎県対馬市）に至る。山が険《けわ》しく、深い林が多い。道は、獣道《けものみち》のようで、一〇〇〇余《よ》戸の家がある。海産物を食し、船で南北に市糴《してき》（交易）して暮らしている。また海（瀚海《かんかい》）を渡って南に一〇〇〇余里行くと一大《いき》（支）国《こく》（長崎県壱岐《いき》市）に至る。竹や木の茂みが多い。三〇〇〇戸ある。畑はわずかにあるが、自給できず、南北に行き、米などを求める。さらに海を渡って一〇〇〇余里行くと末盧国《まつらこく》（佐賀県唐津《からつ》市付近）に至る。四〇〇〇戸あまりの人家がある。山が海に迫っていて、海岸すれすれの場所に住んでいる。草木が茂り、前を行く人の背中が見えないほどだ。魚とアワビを好んで捕《と》り、海の深い場所でも、人々は潜《もぐ》って取っている。東南に陸路で進むと、五〇〇里で伊都国《いとこく》（福岡県糸島《いとしま》市と福岡市西区の旧怡土《いと》郡）に至る。一〇〇〇余戸の家があり、代々王が治めている。以上の国々は、女王国に従属している。帯方郡の使者が往来する時は、いつもここに泊まる。ここから東南に進むと奴国に至る。伊都国から一〇〇里だ。二万余戸の家がある。東に進むと不弥国《ふみこく》に至る。距離は一〇〇里。一〇〇〇余戸の家がある。南に行くと、投馬国に至る。船（水行）で二十日かかる。五万余戸の家がある。南に行くと邪馬台国に至る。女王の都のあるところだ。投馬国から船で十日、歩いて（陸行）一月かかる（水行十日＋陸行一月なのか、水行十日あるいは陸行一月なのか、はっきりとしない）。七万余戸の家がある。女王国から北の国は、戸数や距離をおよそ記録できるが、その他の方角の国々は、遠く離れ、知ることができない。

邪馬台国へと至る推定図

国　名	工程と方位	比定地	戸　数
❶狗邪韓国	帯方郡より水行7000余里	朝鮮半島南岸	
❷対馬国	狗邪韓国より渡海1000余里	対馬市	1,000余
❸一大(支)国	対馬国より渡海1000余里	壱岐市	3,000余
❹末盧国	一大(支)国より渡海1000余里	唐津市	4,000余
❺伊都国	末盧国より東南陸行500里	糸島市付近	1,000余
❻⑥奴国	伊都国より東南100里	福岡市付近	20,000余
❼⑦不弥国	奴国より東100里※	糟屋郡宇美町？	1,000余
❽⑧投馬国	不弥国より南水行20日※	？	50,000余
❾⑨邪馬台国	投馬国より南水行10日・陸行１カ月※	？	70,000余

（総行程距離＝帯方郡より1万2000余里）
※北部九州説では起点を伊都国とし、放射線上にたどるとした。

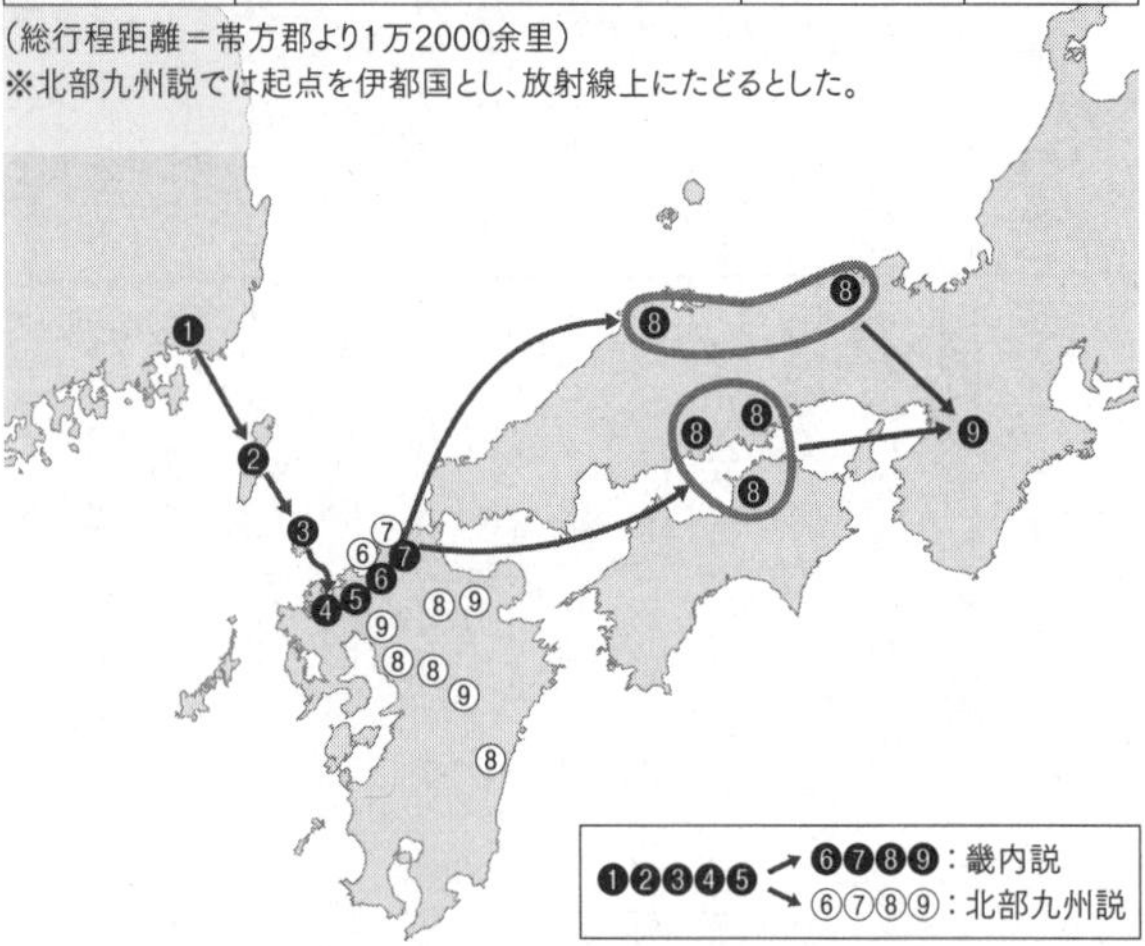

（『地図・年表・図解でみる日本の歴史』（小学館）を元に作成）

ただし、「魏志倭人伝」には、この遠く離れている国々の名を挙げているが、省略する。旅程の最後に挙げているのが「狗奴国」で、女王に従属していないとあり、帯方郡から女王国に至る距離は一万二〇〇〇余里と記録する。

ちなみに、「倭には一〇〇以上の国があった」と言い、「魏志倭人伝」が具体的に取り上げた対馬から狗奴国までの国の数は、九つ（対馬国、一大（支）国、末盧国、伊都国、奴国、不弥国、投馬国、邪馬台国、狗奴国）で、使節が往き来しているのは三〇の国々だと言っている。

西谷正《にしたにただし》は、邪馬台国の時代の「国」は、四～五世紀に「県《あがた》」となり、律令《りつりょう》制下においては、ひとつかふたつの郡に相当したこと、律令時代には五九〇の郡が存在したので、邪馬台国の時代も相当数の国々が存在していただろうと推測している（『市民の考古学13　古代日本と朝鮮半島の交流史』同成社）。

オラが村の邪馬台国論争？

そこでいよいよ「邪馬台国論争の歴史」を概観しておこう。なぜ邪馬台国論争は、迷走してしまっているのだろう。

邪馬台国論争のきっかけは、「魏志倭人伝」の不可解な記述が原因だ。北部九州の沿岸地帯、奴国や不弥国から先、「南へ進む」という記事で、九州島を通り越してしまうからである。

たとえば東京商船大学（当時）の茂在寅男《もざいとらお》は、古代航法で一日どれくらい進むのかを試算している。その結果、一日一二〇～一三〇キロメートルを推定した（『古代日本の航海術』小学館）。水行二十日＋十日なら、六〇〇〇キロメートル以上移動することになり（二十日としても四〇〇〇キロメートル）、これだけで、九州島をはみ出してしまう。やはり、どう考えても、「魏志倭人伝」の記事を、素直に受け入れることはできない。

こうして邪馬台国がどこにあったのか、謎解きが始まったわけである。記事の読み方を工夫して、なんとか日本列島の地図上のどこかに邪馬台国を載せようとしたし、どこにでも比定《ひてい》できるという「長所？」を利用して、「オラが村の邪馬台国論争」が、雨後《うご》の筍《たけのこ》のように提出されていったわけである。

邪馬台国にまつわるもっとも早い解釈は『日本書紀』（西暦七二〇年完成）の編者

によるもので、すでに述べたように、神功皇后の時代に記録していたから、ヤマトを邪馬台国と考えていたことになる。

ただしこれも、すでに説明したように、通説は、『日本書紀』編者が「魏志倭人伝」の記事を日本の歴史に当てはめるために、歴史上最初に登場する女傑・神功皇后の記事に、無理矢理、干支二巡下げて組み込んだと決め付ける。

ちなみに『隋書《ずいしょ》』倭国伝には、次の記事がある。

魏の時、（倭は）中国に通訳をともなって来朝した。三〇余国あって、みな自ら「王」を名乗った。夷人《いじん》（倭人）は里数を知らず、ただ日数で距離を測っている。その国境は東西五ヶ月の行《ぎょう》（旅程の日数）、南北三ヶ月の行で、海に至る。地勢は東は高く、西は低い。邪靡堆《やまと》に都す。すなわち、『魏志』に言うところの邪馬台なるものだ。

『隋書』は唐《とう》の時代（六一八～九〇七）に記された歴史書で、もちろんその時代の倭国の都はヤマト（奈良県）にあって、『隋書』の編者は悩むことなく、邪馬台国とヤマトを結びつけたのだろう。

日本では鎌倉時代に卜部兼方《うらべかねかた》が『釈日本紀《しゃくにほんぎ》』（『日本書紀』の注釈書）の中で、「邪馬台国はヤマト」と解釈している。南北朝《なんぼくちょう》時代の公家《くげ》で南朝《なんちょう》の中心人物となった北畠親房《きたばたけちかふさ》も、「魏志倭人伝」の邪馬台国とヤマトを同一視している（『神皇正統記《じんのうしょうとうき》』）。

このように、古い時代の考えは、日本だけでなく中国でも邪馬台国＝ヤマトだったわけだ。

邪馬台国畿内説の先駆け・新井白石《あらいはくせき》の推論

邪馬台国所在地をめぐる本格的な議論が始まったのは江戸時代だった。儒学者《じゅがくしゃ》・新井白石（一六五七〜一七二五）が、邪馬台国論争の先駆者となった。「魏志倭人伝」を高く評価した人物である。

享保《きょうほう》九年（一七二四）、最晩年の新井白石は、とある手紙の中に、「魏志倭人伝」を実録の書（魏志は実録に候《そうろう》）と記した。もっとも、新井白石は盲目的に信用しなければならないといっているのではない。中国の文書だからと、客観的で冷静な判断を新井白石は求めていた。

享保元年（一七一六）に著した『古史通或問《こしつうわくもん》』では、「魏志倭人伝」に登場する対馬から北部九州の奴国や不弥国に至るそれぞれの地名を比定した。さらに、筑紫《つくし》から水行二十日の投馬国を備後国鞆《びんごのくにとも》の浦《うら》か播磨国（兵庫県南西部）須磨《すま》の浦と考え、「邪馬台国」を畿内のヤマト（大和）と推理した。

ちなみにこの時代、『日本書紀』が提示した「皇紀《こうき》」を疑われることはなく、紀元前から日本の中心は畿内のヤマトだったと信じられていたため、この推理は必然だったかもしれない。

また、卑弥呼は神功皇后と同一と指摘した。要は、邪馬台国畿内説だ。卑弥呼は「日女子《ひみこ》」で、神功皇后の名「気長足姫尊《おきながたらしひめのみこと》」の「姫尊」の「ヒメノミコト」が訛《なま》って「ヒミコ」になったと解した。

新井白石は「魏志倭人伝」の内容について、色々と興味深い指摘をしているが、たとえば「男子は大小となく、皆黥面文身《げいめんぶんしん》す（男子は大人も子供もみな入れ墨をしている）」に関して、肯定的に受けとめている。『日本書紀』や『古事記《こじき》』に、神武天皇や雄略《ゆうりやく》天皇の時代に入れ墨の記事が残り、同様の習俗があったと推理している。新井白石は邪馬台国をヤマト（大和）と言い、さらに「南の狗奴国」を、肥後国《ひごのくに》球磨《くま》郡に比定している。これだと邪馬台国の西に狗奴国があり、当然「矛盾している」と指摘されることが多いのだが、新井白石は大和は国の中心であり、「伊都国に一大率《いちだいそつ》が置かれていた」とあるように、邪馬台国が束《たば》ねる領域の拠点である伊那国の南側に狗奴国があったと考えた。

さらに、「魏志倭人伝」の言う「女王国（考古学は邪馬台国と女王国を同一視する）」は、伊都国だと言っている。神功皇后が腰に差し挟んだ石（産《う》み月を遅らせるためのマジナイ）が伊覩《いとの》県（旧伊都国）にあったという伝説を根拠にしていたようだ。

ただし新井白石は晩年になると、九州にも「ヤマト」の地名が存在することに注目し、「邪馬台」と「筑後国山門《ちくごのくにやまと》郡（福岡県みやま市。『日本書紀』では「山門県」）」を同じだと、考えを改めている（『外国之事調書』）。

いずれにせよ、新井白石が冷静に「魏志倭人伝」を研究していたことは間違いなく、邪馬台国論争のさきがけと言っても過言ではない。

上代特殊仮名遣《じょうだいとくしゅかなづか》いでみる〝大和〟と〝山門〟の発音

ここで少し脱線して、ふたつの有力な邪馬台国候補である大和と山門の「発音」について考えておきたい。

「大和」と「山門」は、今では同じ「やまと」と読むが、上代の日本語（上代特殊仮名遣い）では、「大和」と「山門」では、発音に違いがあったとされている。「邪馬台国」の「やまと」は、「山門」ではなく「大和」の発音なので、邪馬台国山門説は成り立たないとされている。

現代の日本語は、あいうえおの五つの母音と、子音の組み合わせが使われているが、上代においては、「い・え・お」の母音と、さらにもうひとつの母音があって、「き・け・こ・そ・と・の・ひ・へ・み・め（も）・よ・ろ」に、使い分けがあった。それぞれに、甲乙《こうおつ》二種類の母音が備わっていたのである。これが「上代特殊仮名遣い」だ。わかりやすいのは万葉仮名《まんようがな》で、今では同じ音でも、上代の甲類と乙類を、異なる漢字を用いて使い分けている。

邪馬台国と大和の「ト」は乙類で、九州の山門の「ト」は、甲類に属していた。これを当てはめて、邪馬台国畿内論者は、邪馬台国山門説を否定してしまったわけだ。

これに鋭く反論したのは、田中卓《たかし》だ（『国語国文』二四巻五号　京都大学文学部国語学国文学研究室編）。

上代特殊仮名遣いが奈良時代の大和における「特殊事情」であることを強調した。すなわち、卑弥呼の時代から四百年という年月の差があること、大和と山門が異音同語である可能性を捨てきれず、『北史《ほくし》』『隋書』では、畿内の大和を「邪靡堆」と書き記し、この「邪靡堆」の「堆」が「山門」の「ト」と同じく「甲類」であったのだから、厳密に区別する必要はないと考えたのだ。

それだけではない。田中卓は以上の点も含めて五つの問題点を掲げているので、要約する。

第一に、『魏志』の親本だった『魏略』の書かれた三世紀後半頃と日本で万葉仮名の成立した七～八世紀の四百年余の時間差が無視できない。音韻《おんいん》がまったく変化せず、保持できたのか。

第二に、「邪馬臺」の文字を選んだのが中国側だったこと。日本人の「ヤマト」の発音を甲乙正確に聞き分け、漢字で表記できたか、疑問。

第三に、「魏志倭人伝」と卑弥呼を知っていた『日本書紀』編者が、大和や日本の「ヤマト」を「臺」と同じ乙類の万葉仮名を用いて表現した可能性がある。

第四に、上代特殊仮名遣いの中でも「ト」は、八世紀の段階ですでに使い方が乱れていた痕跡がある。『古事記』で「乙類」に属す文字が使われている人名を、『日本書紀』では「甲類」で表現していた例がある。

第五に、第四と関わるが、固有名詞の文字は、原義がそれぞれの筆者には明らかに意識されなかったこと、これは「ヤマト」にも当てはまると言う。「山門（甲類）」「山処（乙類）」のどちらであろうと、原義が忘れられて、甲と乙の仮名遣いが乱れたと言うのである。

田中卓の説に反論する史学者も少なくないが、要は、「上代特殊仮名遣い」だけを根拠に「邪馬台国畿内説が正しい」と断言することはできないのである。

本居宣長《もとおりのりなが》が唱えた〝邪馬台国偽僭《ぎせん》説〟

新井白石亡きあと、国学者《こくがくしゃ》・本居宣長（一七三〇〜一八〇一）が強烈な仮説を提示した。「魏志倭人伝」にある邪馬台国は畿内のヤマトだったが、九州の熊襲《くまそ》などのたぐい（女酋《じょしゅう》）が、ヤマトの女王（神功皇后）の名が広く、高く輝いていたので、ヤマトの使者と名乗り「われわれがヤマト（邪馬台国）」と、魏に嘘《うそ》の報告をしたと指摘したのだ。これが、邪馬台国偽僭説だ（『馭戎概言《からおさめのうれたみごと》』）。

本居宣長は「魏志倭人伝」に記された邪馬台国に至る方位や日程に関しても、疑いの目を向けている。

まず、北部九州から南に邪馬台国があると書かれていることに関して、畿内のヤマトの方位は九州からみて東なのだから、「魏志倭人伝」の言う邪馬台国は、ヤマトではない（邪馬台国がヤマトと偽《いつわ》ったから）とする。

また、投馬国から邪馬台国まで水行十日、陸行一月も、奇妙だと言う。水行十日は合っているかもしれないが、陸行一月は合点《がてん》がいかず、一日の間違いだろうと推理した。そしてもちろん、これでは畿内のヤマトにたどり着けないため、これも邪馬台国がヤマトではない証拠と考えた。

「魏志倭人伝」に、卑弥呼は王となってから、姿を現さず、婢《めやつこ》一〇〇〇人を侍《はべ》らせ、男子一人が、飲食を給し、言葉を伝えていたとあるが、本居宣長は、神功皇后と偽ったため卑弥呼は女性と言っているが、実際は男性で、魏の使者にじかに会わないために、普段から人に会わないと偽ったのではないかと推理した。また、倭の水人《すいじん》（海人）が好んで海に潜り、魚介類を捕ってくること、文身（入れ墨）をしていることに関して、ヤマトの風俗ではなく、上古《じょうこ》の九州の海辺の人々のことだと指摘したのである。

さらに、「魏志倭人伝」にある「鬼道《きどう》に事《つか》へ、能《よ》く衆を惑《まど》わす」に関しても、中国側が神の道（皇神《すめかみ》の道の霊異《れいい》）を知らないために、ほのかに伝え聞き、怪《あや》しんだに過ぎないと言っている。

本居宣長は、「天皇が中国の皇帝に頭《こうべ》を垂れるはずがない」という発想から、この説を思いついた。つまり、魏に朝見《ちょうけん》した卑弥呼は、日本の「神としての天皇」がすることではないという国粋主義的な発想が横たわっていたのだ。

新井白石とは違い、本居宣長は、基本的に中国の歴史書を疑ってかかった。「非なる事いとおほし」（『鉗狂人《けんきょうじん》』）。そのため、現代では、見向きもされなくなったが、じつを言うと、この「邪馬台国偽僭説」が登場したことで、邪馬台国論争の八割方は終わっていたと思う（特に所在地論争）。ただし、なぜそのようなことが言えるのか、その説明は、のちにする。

余談ながら、本居宣長が『鉗狂人』を書いた前年の天明《てんめい》四年（一七八四）二月二十三日、筑前国《ちくぜんのくに》那珂《なか》郡志賀島《しかのしま》の叶《かな》の崎（旧奴国。福岡市）で、百姓甚兵衛《じんべえ》が、自身の田の溝《みぞ》を修理しているさなか、金印《きんいん》を掘り当てている。いわゆる志賀島の金印だ。

意外にも、当時これが話題になっていて、「奴国の金印」とか、刻《きざ》まれた「委奴《わのなの》国王《こくおう》」の「委奴国」は「倭の奴国」ではなく「イト国」で、要は「伊都国の金印」ではないか、あるいは委奴国が邪馬台国（ヤマト）だろう、などなど、ちょっとした論争が巻き起こっていた。この志賀島の金印、重要な意味を持ってくるので、のちに再び触れる。

ところで、邪馬台国偽僭説を掲げたのは、本居宣長だけではない。国学者・近藤《こんどう》芳樹《よしき》（一八〇一～一八八〇）は、筑紫を支配していた熊襲が、天皇の都の「ヤマト」

の名を盗み、地名を「邪馬台」とし、自ら倭王を名乗ったと推理した。また、邪馬台国は肥後国菊池《きくち》郡山門（熊本県菊池市）に比定している（『征韓起源』）。

紀年矛盾の検討から過熱した明治の邪馬台国論争

今日に続く邪馬台国論争は、明治時代に始まっている。

日本の東洋史学の創始者・那珂通世《なかみちよ》（一八五一〜一九〇八）が明治十一年（一八七八）、に「上古年代考」を、明治二十一年には「日本上古年代考」を発表した。その中で、年代観を問題にしている。『日本書紀』に記された年代を修正しなければ、真実の歴史は再現できないと指摘した。

わかりやすいのは初代神武天皇の即位年で、『日本書紀』の記事をそのまま西暦に直せば、明治時代から二千五百年ほど前、紀元前六六〇年二月十一日（旧暦の一月一日）になり、弥生時代になってしまう。ヤマトに国の中心となる遺跡はみつかっておらず、これを信じることはできない。

ちなみに、明治時代になると二月十一日を紀元節《きげんせつ》として祝うようになった。戦後は建国記念日だ。また、紀元二六〇〇年に制式採用された海軍艦上戦闘機は、零式《れいしき》と呼ばれた。これがいわゆるゼロ戦で、ついでながら、その前年に採用された軍用機は、九九式と呼ばれている。くどいようだが、零式の翌年は、一式《いっしき》になる（一式戦闘機は陸軍の「隼《はやぶさ》」と海軍の「一式陸上攻撃機」が有名）。

那珂通世は、『日本書紀』が神武天皇の即位を現実よりも（神武天皇が実在すればの話だが）千年以上前にもっていったのは、推古《すいこ》九年（六〇一）の「辛酉（中国では、天命《てんめい》が改まり、王朝交替の起きる革命の年と考えられていた）」の年から一蔀《いちほう》（一二六〇年）前の辛酉の年を、「神武創業の大革命の歳《とし》」と設定したからだろうと、指摘した。

それはともかく、那珂通世は神武天皇だけではなく、『日本書紀』が神功皇后の時代に邪馬台国の記事を引用している点にも注目している。『日本書紀』が示した神功皇后最大の功績は三韓征伐《さんかんせいばつ》（朝鮮半島遠征）なのだが、「魏志倭人伝」は、卑弥呼の遠征戦をまったく無視している。したがって、二人は同時代人ではないと考えた。邪馬台国の時代の百年後の神功皇后を、無理矢理卑弥呼にあてがったと推理したのだ。

ちなみに、この時期の邪馬台国論争は、神功皇后と卑弥呼の関係を中心に進められていた。

幕末に来日した英国の外交官で二十数年間日本に滞在したウィリアム・ジョージ・アストンも、論争に参戦している。日本学者でもあり、『日本書紀』を英訳したことでも知られている。

ウィリアム・ジョージ・アストンは卑弥呼と神功皇后に多くの共通点があると言い、同一と考えた。「魏志倭人伝」に登場する「持衰《じさい》（外洋航海に際し、ひとりを選び、喪中《もちゆう》のように扱い、肉を与えず女性を近づけない。もし無事に渡海《とかい》できれば褒美《ほうび》を与え、嵐に遭《あ》えば殺した）」は、「忌部《いんべ》」を指していると言い、神功皇后の山陵《さんりよう》（奈良県奈良市山陵《みささぎ》町宮《みや》ノ谷《たに》）こそ、「魏志倭人伝」にいう卑弥呼の冢《ちよう》（大塚）だったと推理している。

これに対し那珂通世は、ウィリアム・ジョージ・アストンが応神天皇を『日本書紀』の年代よりも百年ほどあとの四世紀の人と認識しておきながら、母の神功皇后を三世紀の卑弥呼に比定している。ここに矛盾があり、卑弥呼の死を「魏志倭人伝」は西暦二四七年頃としているが、応神天皇は神功皇后のお腹《なか》から生まれたことは間違いなく、とすれば、神功皇后と卑弥呼を同時代人とすることはできないと言うのである。

落合直澄《おちあいなおずみ》は、景初三年の卑弥呼の魏への朝貢《ちょうこう》を「偽《にせ》卑弥呼」の仕業《しわざ》と考えた。国体《こくたい》論の立場から、本物の卑弥呼は神功皇后であったと、推理したのである。「魏志倭人伝」に登場する卑弥呼は、ニセモノだったからこそ、魏の使者に会わなかったのだと言う。これは、本居宣長の考えによく似ている。

ところで、黎明期の邪馬台国論争の中で、史学界には「紀年の矛盾ばかりを取り上げ、国体を無視することは慎《つつし》むべきだ」という空気が満ちていて、すでに邪馬台国論争は、政治的な思惑がからんでいた。また、これを危惧する歴史学者も現れていた（三宅米吉《みやけよねきち》）。

白鳥庫吉《しらとりくらきち》が唱えた北九州説

ここからいよいよ、本格的な邪馬台国論争が始まる。明治四十三年（一九一〇）、東京帝国大学の白鳥庫吉と京都帝国大学の内藤虎次郎《ないとうとらじろう》（湖南《こなん》）が、ほとんど同時に邪馬台国にまつわる論文を提出している。

まず白鳥庫吉は、『魏志』に全幅の信頼を置くべきと考えた。『魏志』は魚豢《ぎょかん》（魏の官僚・歴史家）の『魏略』を参照し、当時の人々が見聞《けんぶん》した事を記録していて、信用に足ると言う。だから、それまでのように、『古事記』や『日本書紀』を中心に議論を進めるべきではない、とした。その上で、「魏志倭人伝」に記された帯方郡から邪馬台国に至る行程の解読に立ち向かい、邪馬台国北九州説を立ち上げたのだった。

ならば、北部九州沿岸部からの長い旅程をどのように解釈したのだろう。白鳥庫吉は「魏志倭人伝」の「里数」に注目した。それによれば、朝鮮半島の帯方郡から不弥国までの総里数が一万七〇〇余里とあり、また、帯方郡から邪馬台国までが一万二〇〇〇余里としてあるところから、不弥国から邪馬台国までの距離が差し引き一三〇〇余里であると指摘する。不弥国が北部九州の沿岸地域にあったとすれば、邪馬台国もその近くにあった計算になる。

ならば、「魏志倭人伝」のいう「一里」はどれほどの距離なのだろう。海上では三五里・五〇里と記されている箇所が、現在の一里に相当し、陸上では、二三から二四里が現在の一里に当てはまる。この計算でいくと、不弥国から邪馬台国までは、現在の五〇里、二〇〇キロメートル程度でしかなかったことになる。この距離計算に従えば、畿内説は消える。

しかも、邪馬台国の南に狗奴国があるという「魏志倭人伝」の記事にも、邪馬台国北九州説を採る理由があると白鳥庫吉は言う。後漢末から三国時代当時、九州は南北ふたつの勢力に分裂していて、北部が女王国、南部が狗奴国の支配下に入っていたと推理した。卑弥呼は狗奴国と対峙《たいじ》し、争乱のさなかに亡くなっているが、狗奴国は九州南部に盤踞《ばんきょ》していた王家の敵「熊襲」にほかならないとする。

それでは、日数換算をどう考えたのだろう。

不弥国から邪馬台国への行程を合計すると水行三十日・陸行一月になるが、魏の使者が大げさに語ったか「誤写」の結果だったと考えた。実際は、「陸行一月」ではなくて、「陸行一日」で、水行三十日陸行一日、合計三十一日の旅程となる。

現実にこの日数旅をすれば、かなり九州島の南方まで進んでしまうと思うが、不弥国を出発した使者が、大きく迂回《うかい》し有明海《ありあけかい》を航行していたのではないかと推理した。そこで導きだされたのは、邪馬台国肥後国説だった。

ところで、白鳥庫吉は邪馬台国の時代の畿内に、別の勢力が存在したと推理した。

実在の初代王と目される第十代・崇神天皇の崩年《ほうねん》は戊寅《ぼいん》で、これは西暦二五八年と考えられる。これは、卑弥呼とその宗女《そうじょ》・台与《とよ》（壱与《いよ》）が同時代になり、畿内と九州にふたつの勢力が存在したという。

崇神天皇は各地に四道将軍《しどうしょうぐん》を派遣したと『日本書紀』は記録するが、西に向かった将軍（吉備津彦命《きびつひこのみこと》）は、中国地方で引き返し、九州まで制圧したわけではない。第十二代景行《けいこう》天皇の時代に、九州遠征が行なわれたと『日本書紀』は記録する。したがって、邪馬台国の時代にヤマトと北部九州は、共存していたという（ちなみに、考古学が進展して、新たな歴史観が生まれつつあるが、それはのちに詳しく触れる）。

『国造本紀《こくぞうほんぎ》』（『先代旧事本紀《せんだいくじほんぎ》』）には、第十三代成務《せいむ》天皇の時代に、北部九州のそれぞれの地域に国造《くにのみやつこ》が任命されたと記されていることから、この段階になってようやく北部九州のかつての邪馬台国の領土がヤマト朝廷《ちょうてい》の支配下に入ったのだろうとする。

内藤虎次郎の邪馬台国畿内説

白鳥庫吉の邪馬台国北九州説に、内藤虎次郎は反論する。

まず内藤は、東洋史学者視点から、『三国志』(「魏志倭人伝」)と『後漢書』のどちらの邪馬台国記事を採用すべきかというところから考える。どちらも魚豢の『魏略』を参考にしているが、『後漢書』が『魏略』の文を恣意的《しいてき》に省略しているから、「魏志倭人伝」を信頼すべきと考えた。

その上で、「南に水行」を「東に水行」と読み直すべきだと発想した。根拠は以下の通り。

支那《しな》(中国)の古書が方向について記す時、東と南、西と北がそれぞれ混同されていることが常例で、陸上においても、方位を誤って記録すると言う。したがって、「魏志倭人伝」の「南」も「東」に改めて考え直すべきだと言うのだ。

そこで、「南へ水行二十日」の投馬国は、北部九州から東側の山口県付近(周防《すおうの》国佐波郡《くにさば》)としている。

ならば、問題の邪馬台国はどこにあったのだろう。『梁書《りょうしょ》』『北史』『隋書』「魏志倭人伝」は邪馬台国を「邪馬壹国」と書いているが、「壹」は「臺」の訛ったものだと考えた。さらに、「魏志倭人伝」の邪馬台国までの行程の「陸行一月」に関して邪馬台国北部九州論者の多くは「一日」の誤りとしているが、後世の中国の文書はことごとく、「一月」とある。だから、「一月」を「一日の誤り」とする考えを否定した。

それだけではない。『隋書』や『北史』には「倭国は邪靡堆に都《みやこ》す。すなわち『魏志』の所謂《いわゆる》邪馬台国なる者なり」とある。七世紀の隋の時代に、中国側は邪馬台国とヤマトを同一視していたことがわかる。また、『梁書』は、「魏志倭人伝」に登場する倭王の末裔がヤマトの王と信じていた。このように、中国の史書は、「邪馬台国はヤマト」と認識していたわけで、三世紀の邪馬台国も畿内のヤマトに存在していたとする。

投馬国（内藤虎次郎は山口県と考える）までを水行二十日とすれば、その先の水行十日と陸行一月の行程は、ちょうどヤマトまでの行程として捉えられ、邪馬台国は七万余戸という人口を抱《かか》えていたのだから、畿内のヤマトがふさわしいと指摘した。

こうして邪馬台国を畿内のヤマトに比定した内藤虎次郎は、『日本書紀』に現れる倭姫命《やまとひめのみこと》に注目している。『日本書紀』によれば、倭姫命は第十一代垂仁《すいにん》天皇の皇女で伊勢神宮《いせじんぐう》の創祀《そうし》と深く関わった人物だ。内藤虎次郎は、この倭姫命こそ、邪馬台国の卑弥呼と推理した。

「魏志倭人伝」に記録された倭国の官名に伊支馬《いきま》がある。内藤虎次郎は伊支馬について、垂仁天皇の名、活目入彦五十狭茅《いくめいりびこいさち》の「活目」と似ていると言う。その上で、垂仁天皇は皇祖神天照大神《こうそしんあまてらすおおみかみ》を倭姫命につけて鎮《しず》め祀る場所を求めさせ、天照大神の教えで伊勢に社《やしろ》を建てたが、この時各地の土豪《どごう》たちが、抵抗することもなく土地を差し出したという話があって（『日本書紀』）、これらの話は「鬼道をもって衆を惑わした」という「魏志倭人伝」の卑弥呼の記述に通じるとした。

さらに、倭姫命が神に仕《つか》える斎宮《いつきのみや》（巫女）として生涯未婚であったところは、卑弥呼の「年已《としすで》に長大なるも夫婿《ふせい》なく」（歳をとっているのに夫がない）、と重なる。

これらの共通点から、卑弥呼と倭姫命を同一人物と考えたのである。

もうひとつ、卑弥呼亡き後女王に立つ台与（壹与・臺与）は、『日本書紀』に登場する豊鍬入姫命《とよすきいりひめのみこと》（第十代崇神天皇の皇女）と同一と考えた。「魏志倭人伝」は、卑弥呼の宗女が壹与（壱与）だったとしていて、この壹与は本来「臺与（台与）」だったと推理した。邪馬壹国は邪馬臺国だからだ。そう考えなければ、邪馬壹国＝邪馬臺国＝畿内説は成立しない（もちろん、反論もあるが）。

卑弥呼の宗女が台与なら、よく似た人物が『日本書紀』に登場する。それが豊鍬入姫命だ。「豊」は「臺与」であり、豊鍬入姫命も天照大神を祀る巫女であった。

喜田貞吉《きださだきち》の筑後山門説と和辻哲郎《わつじてつろう》の邪馬台国東遷《とうせん》論

邪馬台国論争は、白鳥庫吉の北九州説、内藤虎次郎の畿内説のふたつの論を中心に進められていく。しかもこれは、東京帝国大学（北九州説）と京都帝国大学（畿内説）の学閥《がくばつ》の争いに発展していった（当事者たちは「学閥はない」と否定するが、現実にははっきりと現れている）。

そんな中、東京帝国大学出身の歴史学者・喜田貞吉は、少し毛色の違う推理を働かせた。邪馬台国は筑後国山門郡にあったが、邪馬台国＝ヤマト朝廷ではないと言う。中国側の史料が倭と日本を混同し、北部九州の邪馬台国とヤマト朝廷を誤って同一とみなしてしまったと言うのだ。

さらに、大陸からの渡来人《とらいじん》がヤマト朝廷を造り上げたと言い、彼らがいわゆる「天孫族《てんそんぞく》」だったと考えた。また、崇神天皇の時代はまさに邪馬台国の時代で、崇神天皇の治政は西に向かって広がっていたが、北部九州の「倭人の王」は、独自に中国側と交流を持っていた。逆に崇神天皇が中国王朝と交流していた痕跡は、『日本書紀』から読み取れないのである。

和辻哲郎は、邪馬台国東遷説を大正九年（一九二〇）に提出している。九州筑紫の邪馬台国が東に移動してヤマトになった、と和辻哲郎は言う。根拠は、弥生時代のふたつに分かれた青銅器《せいどうき》文化圏だ。九州を中心とした銅剣《どうけん》・銅矛《どうほこ》文化圏と、畿内の銅鐸《どうたく》文化圏が、成立していたのだ（おおまかにみれば）。ところが、ヤマト建国と同時に東側の銅鐸が姿を消してしまった。その理由を突きつめると、西の北部九州勢力が東に移動し、銅鐸文化圏を圧倒してしまったからだと考えたわけだ。これが、邪馬台国東遷論である。

ただし、考古学者の多くは、異なる考えを示した。

まず富岡謙蔵《とみおかけんぞう》は、弥生時代の北部九州の遺跡から出土する鏡は後漢鏡かそれ以前のもので、しかも同時代の日本列島ではあり得ないほど豪華なものだったと指摘する。他地域では、弥生時代から古墳時代を通じて、漢代の鏡はなく（当時はみつかっていなかった）三国時代以降のものだった。

また、巨大な前方後円墳も、畿内を中心に造られた。このことから、はじめ北部九州が栄えていたが、ヤマトが勃興《ぼっこう》し、北部九州は衰退したと考えたのだ。

富岡謙蔵は早世してしまったが、その研究を梅原末治《うめはらすえじ》が継承した。

梅原末治は北部九州の弥生時代の墓制に注目した。副葬品が独自で、豪奢《ごうしゃ》だったが、邪馬台国の時代になると副葬品は貧弱になり、さらに古墳時代に入ると畿内の古墳文化が北部九州に流入し、北部九州のオリジナルの埋葬文化は消滅してしまった。このことから、魏に使者を送り込んだのは畿内の政権だったと判断したのである。

このように、戦前の考古学は、和辻哲郎の掲げた邪馬台国東遷説に否定的で、畿内説をとっていた。

明治政府は邪馬台国と卑弥呼を無視した？

江戸時代から始まった邪馬台国論争だが、専門の学者が議論するだけで、今日のように一般人が興味を示すようになったのは、戦後のことだ。その理由のひとつに、天皇をめぐる問題が秘められている。

邪馬台国を解明すればヤマト建国の謎解きも大いに進捗《しんちょく》するわけで、要は天皇家の起源も明らかになる。

『日本書紀』は天皇家の祖神の天照大神を、はじめ「大日孁貴《おおひるめのむち》」の名で登場させた。大日孁貴の「孁」は「巫女」のことで、大日孁貴は「大日巫女」「大いなるヒミコ」となる。このことから、八世紀の『日本書紀』編者は「邪馬台国の卑弥呼」を知っていて、神話に載せていた可能性も出てくる。

また、卑弥呼は実在の女王であり、神の子ではない。絶対的な強い権力を握って君臨していたわけでもなく、「共立された」と「魏志倭人伝」は言う。そのため、神話を重視し天皇を神格化し全権を委《ゆだ》ねたい（名目上とはいえ）明治政府にとっては、都合が悪い。当然、戦前の教科書は、邪馬台国と卑弥呼を無視してしまったのである（政治的思惑で、完ぺきに歴史的事実を無視している）。

肥後和男《かずお》は戦後に女王卑弥呼が世間に知られるようになったことを、「それはまるでこれまで秘密にかくされていた財宝がにわかに人々の前に披露《ひろう》されたような感じを与えた」（『崇神天皇と卑弥呼』弘文堂）と言っている。

戦前の歴史の教科書は神話から始まり、天照大神らが大活躍をしたが、戦後の教科書はすっかり書き替えられ、後漢の光武帝《こうぶてい》の時代に倭の奴国が朝貢したことや、邪馬台国や卑弥呼の記事が載るようになった。ようやく知らされていなかった歴史が明らかにされ、一般の人々が邪馬台国に関心を示していくようになったのだ。

また、タブー視されていた天皇家の歴史に多くの学者が挑み始めていったことも、邪馬台国論争には、はずみになった。

画期的な榎一雄《えのきかずお》の「放射説」

こうして、昭和二十二年（一九四七）十一月に、邪馬台国論争は新たな局面を迎える。榎一雄が、新説を唱えたのだ。いわゆる「放射説」で、「魏志倭人伝」の不可解な旅程記事を、うまく説明できるものだった。

帯方郡から伊都国に続くルートは、一本の線で正確にたどることができる。ただ、ここから先が、難題だった。「魏志倭人伝」の記述通り進めば、九州島を通りすぎてしまう。そこで榎一雄は、伊都国からあとの記事を一本のルートではなく、放射線状に読むべきではないかと考えた。その理由は、「魏志倭人伝」の次の記事の「変化」にあると言う。

始めて一海を渡る一〇〇〇余里、対馬国に至る。（中略）また南一海を渡る一〇〇〇余里、名づけて瀚海という。一大国に至る。（中略）また一海を渡る一〇〇〇余里、末盧国に至る。（中略）東南陸行五〇〇里にして、伊都国に到る。

ここまでが伊都国までの行程だ。これに対し、この先はというと、

伊都国（中略）東南奴国に至る一〇〇里。（中略）東行不弥国に至る一〇〇里。（中

末廬国より邪馬台国まで

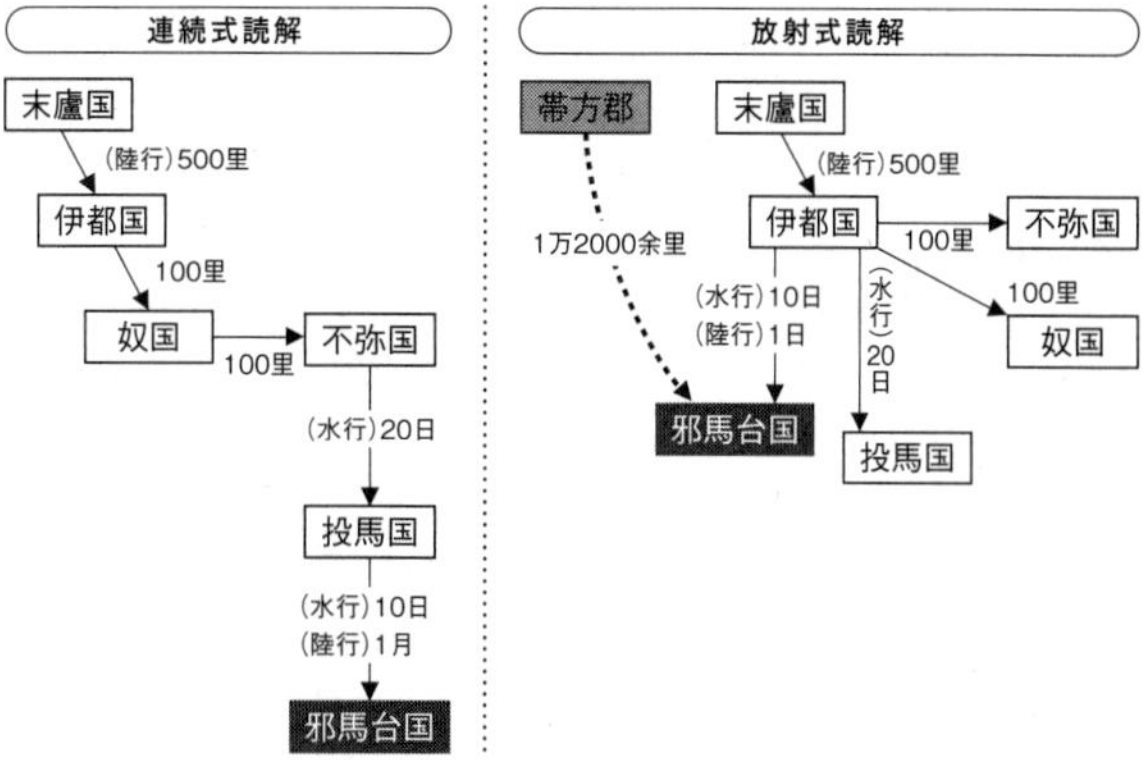

（『日本の歴史1 神話から歴史へ』(中公文庫)を参照して作成）

略）南、投馬国に至る水行二十日。（中略）南、邪馬壱（台）国に至る、女王の都する所、水行十日陸行一月。

つまり、伊都国までの前半が、××里移動すると○○国、さらに××里移動すると△△国、とあったのに、伊都国から先は、まず方角を言って、○○国に至るには××里、△△国に至るには水行○○日と言うように、道程の距離や時間が、国名のあとに来ている。わざわざ書き方を変えているのは、前半までの「行き方」と後半とでは違うからだろうと推理したわけだ。

つまり、伊都国までは一本の連続する

線でつなぎ、伊都国から先は放射線に読めば、邪馬台国は九州島の中に収まると考えた。長く見えた旅程も、これなら短くなる。

榎一雄は、この「放射説」をもとに、「魏志倭人伝」に登場する国それぞれを、次のように比定した。

伊都国（糸島郡深江）から東行一〇〇里の不弥国は宇美《うみ》付近、同じく南に水行二十日の投馬国は鹿児島県の都万《つま》、または宮崎県の妻（都万）であったと言い、問題の邪馬台国に至る行程、「南へ水行十日、陸行一月」に関しては、陸行の「月」を「日」に変えて「南に水行十日＋陸行一日」とし、十日航海し、歩いて一日だから、福岡県の山門と考えた。また、かりに「陸行一日」ではなく「陸行一月」としても、「船なら十日、歩くのなら一月」と理解するべきで、そうすればやはり山門（山門県。福岡県みやま市）にたどり着く、と言うのである。

北部九州の中心地は伊都国？

また、こう考えることで、「帯方郡から女王国まで一万二〇〇〇余里」という記述の意味がわかってくる、とする。

まず、帯方郡から伊都国までの里数の累計は一万五〇〇〇余里で、帯方郡から女王国までが一万二〇〇〇余里とすれば、伊都国から女王国までは単純に引き算して一五〇〇里になる。中国側の八世紀の史料『唐六典《とうりくてん》』をひもとくと、「陸行する場合、馬なら一日に七〇里、歩くなら五〇里」とある。そこで一月歩くと、一五〇〇里になり、ちょうど伊都国から邪馬台国までの距離とぴったり重なる。

さらに、「伊都国」の「重要性」も、放射説の根拠になると言う。

「魏志倭人伝」に、次の記事がある。


女王国より以北には、特に一大率を置き、諸国を検察せしむ。諸国これを畏憚《いたん》す。常に伊都国に治す。

女王国の北の地に一大率を置いて、諸国を治めていて、みなこれを恐れていたが、それは伊都国だった、とする。北部九州沿岸部の政治の中心は伊都国で、ここから各地に放射線状に人が往き来していたことは間違いないだろう。また、帯方郡からやってきた使者は、卑弥呼に面会した様子がなく、とすれば、伊都国に留《とど》まっていた可能性が高いと言うのである。

榎一雄の推理は、画期的だった。邪馬台国北部九州説の弱点を克服する可能性が出てきたからだ。「魏志倭人伝」の記事を自然に進めば、九州島を飛び出してしまう謎である。「南へ水行十日陸行一月」を、直線上につなぐのではなく、放射状に読むことによって、邪馬台国は北部九州に収まってしまったからである。

ただし、邪馬台国畿内論者は、すぐさま反論した。榎一雄の読み方に対する疑念で、「漢文」として正しいのか、と嚙《か》みついた。

その上で三品彰英《みしなしょうえい》は「魏志倭人伝」の撰者は日本列島を南北に長い島国と考えていて、邪馬台国が会稽東冶《かいけいとうや》の東方にあると記録しているのは、そのためだと言う。そして、陳寿の時代の地理感覚に即して読み解くべきだと言うのだ（「邪馬台国の位置」『学芸三七』秋田屋）。

九州の真南に大和が位置する「混一疆理歴代国都之図《こんいつきょうりれきだいこくとのず》」

中国側が日本列島を南北に長いと誤って考えていた証拠がある、と昭和三十一年（一九五六）八月に地理学者・室賀信夫《むろがのぶお》が、明《みん》の建文《けんもん》四年（一四〇二）に朝鮮で作られた「混一疆理歴代国都之図」を持ち出してきた（「魏志倭人伝に描かれた日本の地理像―地図学史的考察―」『神道学　第十号』神道学会）。日本列島を九〇度方位をずらした地図で、九州を北に、東北地方を南に配置し、朝鮮半島の下に南北に細長い形で日本列島を描いている。大和が九州の真南に位置する地図である。

この地図は、中国の元《げん》や明代の地図と日本の行基図《ぎょうきず》を参考にして製作されたものだ。行基図とは、江戸時代以前に作られた京都を中心にした一種の簡単な道路地図で、「行基」と言えば、奈良時代の名僧である。なぜ「行基図」と称されたかと言うと、この類の地図の多くに「行基作」と銘打《めいう》っていたためだ。もっとも古い行基図でも、九世紀のものが確認されているにすぎない（ただし江戸時代の模写）。

古い日本地図がなぜ行基図と呼ばれたのだろう。日本で地図の製作が始まったのは、律令整備と大きなつながりがある。大化《たいか》二年（六四六）秋八月に孝徳《こうとく》天皇より、「国々の境界を観て、書や図にして持ち寄るように」と詔《みことのり》があり、天平《てんぴょう》十年（七三八）八月に聖武《しょうむ》天皇は、「天下の諸国の国郡の図を作るように」と命じた。

行基は優婆塞《うばそく》を束ねる民衆に支持された僧だったが、聖武天皇に大抜擢《だいばってき》され、東《とう》大寺建立《だいじこんりゅう》に尽力している。ちょうど国家プロジェクトとして地図が作られていた時代でもあり、さまざまなシステムが整っていく時代に、行基が活躍していたことがわかる。行基は各地で土木工事を行い、貧しい人々を救い、民衆に慕われていたから、のちの時代の地図でさえ、地図と言えば「行基図」と、名付けられたのだろう。

ところで室賀信夫は、このような日本列島の東を南にすり替えた中国側の日本地図は、唐の時代、あるいははるか以前、晋《しん》の時代の裴秀《はいしゅう》の「禹貢地域図《うこうちいきず》」に求められるのではないか、とした。そして、この中国側の地理観を当てはめれば、「魏志倭人伝」の「北部九州の沿岸部の南に邪馬台国があった」という記事の「邪馬台国」は、畿内であっても不思議ではないことになる。北部九州から「南」は、現実には東に向かっていたことになる。邪馬台国畿内論者は、混一疆理歴代国都之図の出現に小躍《こおど》りしたわけだ。

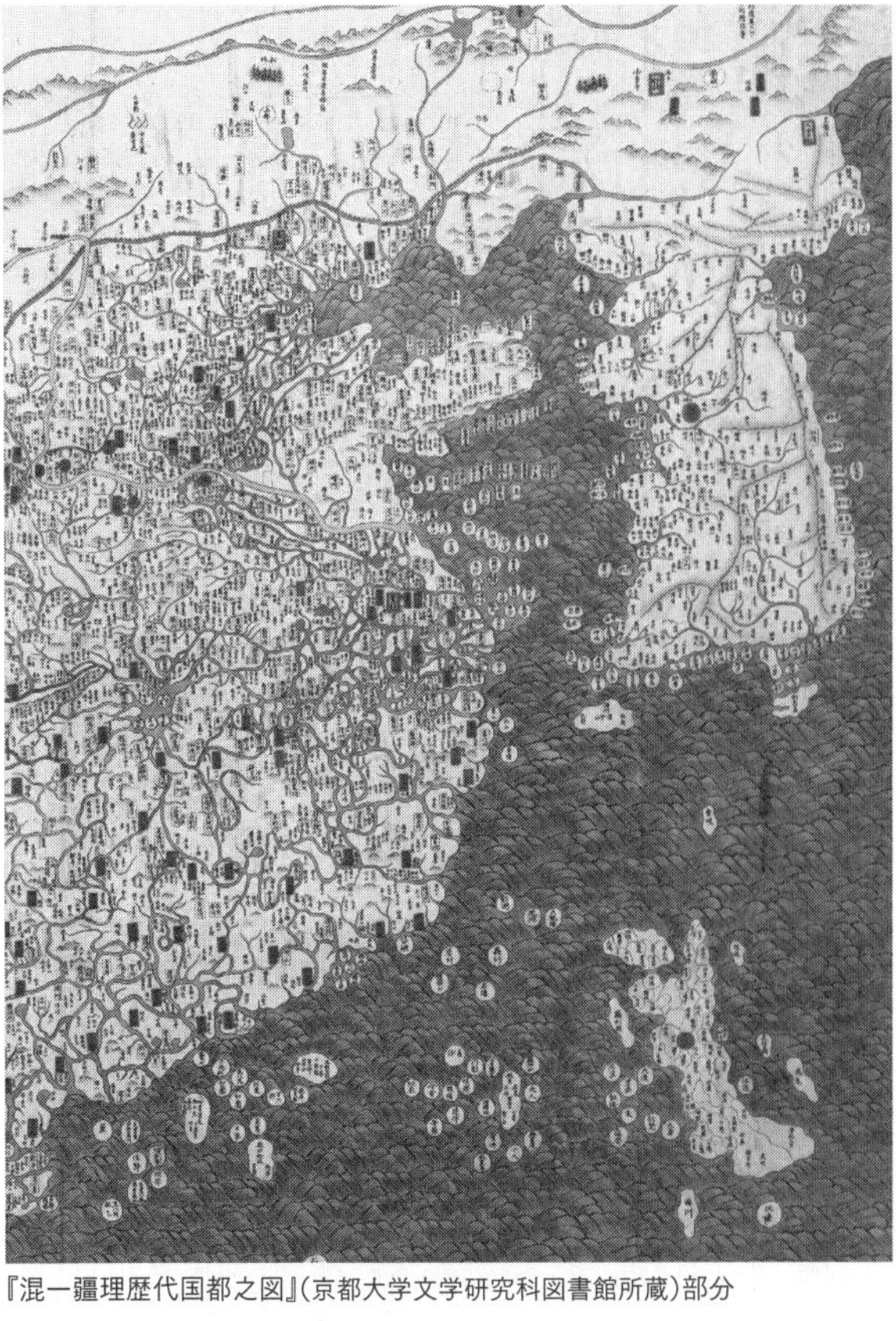

『混一疆理歴代国都之図』(京都大学文学研究科図書館所蔵)部分

「混一疆理歴代国都之図」は〝畿内説〟の根拠にはならない

しかし、反論が提出されている。たとえば平野邦雄《ひらのくにお》は、十五世紀の混一疆理歴代国都之図の地理観はそのまま「魏志倭人伝」の世界には通用しないと考えた。「魏志倭人伝」に「卑弥呼の女王国の東方一〇〇〇里の海のむこうに女王国の倭人とは別の倭人がいる」とある。この記事に注目した。当時の大陸には、すでに確かな日本列島の地理観はあったと言う（『古代を考える　邪馬台国』平野邦雄編　吉川弘文館）。

一方、『古地図と邪馬台国』（大和書房）の弘中芳男《ひろなかよしお》は、混一疆理歴代国都之図が、古代中国人が抱《いだ》いていた日本の地理像ではないと説《と》く。その根拠として、混一疆理歴代国都之図は、中国から持ち帰った地図に日本列島が描かれていなかったために当時の朝鮮で日本列島を補入したこと、その際参考にした行基図は、方位の正確性に欠けていて西方上位だったことが原因だったことを突きとめている。地図を北方上位にするという「慣習」が日本にはなかったと言うのである。

中国の古地図は、少ない例外を除けば、ほぼ北が上になっていたが、「行基図」の場合、これがまったく逆で、北が上になっている地図はないと言う。東、西、南が上位になっていたと言うのである。

このように、混一疆理歴代国都之図は、邪馬台国畿内説の決定的な証拠にはならない。「わかりやすい地図」だから、畿内論者が飛びつきやすい代物《しろもの》だったが、慎重に扱わなければならないだろう。

こうして、長い長い邪馬台国論争の歴史を俯瞰してきたが、まだまだ語り尽くせない。無数の邪馬台国論争の視点がある。ただ、基本的な、畿内説と北部九州説の争点は、掲《かか》げることができた。

また、主に文献史学が掲げる邪馬台国論争をみてきたが、結局「魏志倭人伝」の解釈だけでは、決定的な結論を見いだすことはできなかったのだ。

その一方で、考古学の成果が大いに活用され、邪馬台国論争は新たな段階を迎えたと思う。二世紀後半から三世紀にかけて、日本列島で何が起きていたのか、どのように人々は動いていたのか、どことどこに人々は集まっていたのか、などなど、多くの知見が得られたのだ。この結果、邪馬台国論争は畿内説で決まったと豪語する考古学者も現れるようになってきたが、これも勇み足だ。ヤマト建国の様相がだいぶわかってきて、邪馬台国の時代の日本列島の中心勢力が畿内のヤマトだった可能性は非常に高まったが、だからといって、「魏志倭人伝」の言う邪馬台国が畿内のヤマトだったとは限らないからだ。しかも、この後述べていくように、畿内のヤマトを邪馬台国と決め付けてしまうと、「魏志倭人伝」の記述との間に、大きな矛盾が生まれてしまうのだ。

さて、では、どうすれば邪馬台国論争の答えを出すことができるのか。次章から、謎解きをしていこう。

第二章

考古学は邪馬台国の何を明らかにしたのか

纏向《まきむく》は邪馬台国《やまたいこく》だったのか

考古学者の多くが「邪馬台国はヤマトで決まった」と決め付けるのは、やはり纏向遺跡（奈良県桜井市《さくらいい》）が大きな意味を持っていたからだ。三世紀初頭に奈良盆地の南東の隅の三輪山麓《みわさんろく》の扇状地《せんじょうち》に人々が集まり始め、政治と宗教に特化された都市が営《いとな》まれ、纏向型前方後円墳《ぜんぽうこうえんふん》（初期の前方後円墳）が造られた。そして、人々は北部九州になだれ込み、さらに箸墓《はしはか》（箸中山古墳《はしなかやまこふん》）が出現し、前方後円墳は（定型化して）日本各地に伝播《でんぱ》していったのだ。この頃、纏向遺跡の規模は一気に大きくなり、新たな埋葬文化を各地の首長《しゅちょう》が共有する、ゆるやかな連合体が形成されていった……。

これがヤマト建国であり、纏向遺跡の出現こそ、歴史の大きな転換期になったことは間違いないし、ここが「魏志倭人伝《ぎしわじんでん》」に描かれた倭の中心・邪馬台国だったと考えるのは自然な発想だった。

文献学者は「実在のヤマトの初代王は第十代崇神《すじん》天皇」と考えるが、『日本書紀《にほんしょき》』

は崇神天皇と第十一代垂仁《すいにん》天皇、第十二代景行《けいこう》天皇は、みな纏向やその周辺に宮を建てていたと記録している（磯城瑞籬宮《しきのみずがきのみや》、纏向珠城宮《たまきのみや》、纏向日代宮《ひしろのみや》）。だから、本当は『日本書紀』もヤマト建国の歴史を知っていて、黎明期《れいめいき》のヤマトの中心は纏向だったとほのめかしている可能性は高い。

ただし、ここは無視できない点なのだが、纏向遺跡の時代と邪馬台国の時代が完ぺきに重なるわけではない。邪馬台国はすでに二世紀後半に存在したが、纏向遺跡が出現したのは三世紀初頭のことだ。このズレは、邪馬台国畿内《きない》説の、大きなネックだと思う。

ところで、「魏志倭人伝」に、卑弥呼《ひみこ》が王に立てられるきっかけが記されている。

倭国《わこく》はもともとは男王が立っていて、七十～八十年統治したが、乱れ、相攻伐することと歴年。そこで女子を立てて王にした。名付けて卑弥呼と言う……。

この争乱は、いつ頃起きていたのだろう。『後漢書《ごかんじょ》』には、「桓霊《かんれい》の間（一四六～一八九）」と言い、『梁書《りょうしょ》』や『北史《ほくし》』は、「漢霊帝《かんのれいてい》の光和《こうわ》中（一七八～一八四）」と記録している。二世紀後半の事件だったことになるが、この時代、まだ纏向に人々は集まっていない。そこで邪馬台国北部九州論者は、邪馬台国が東に移ってヤマトになったと言い、畿内論者は、纏向遺跡の出現を、無理矢理に二世紀後半と推理し、「なるべく古い時代に持っていき、邪馬台国と重ねたい」と考える。前章でも述べたが、これは、じつに危なっかしい。

考古学の年代観を、自説に都合の良いように解釈してねじ曲げていては、わかるものもわからなくなってしまう。

考古学者の中にも、纏向＝邪馬台国説に冷ややかな人もいる。たとえば、森浩一《もりこういち》は、冷静に見つめていた一人だ。

平成二十一年（二〇〇九）十一月、纏向遺跡から新たに宮殿とみられる遺構がみつかり、考古学者もマスメディアも、こぞって「卑弥呼の宮殿跡発見」と大騒ぎになったが、森浩一は、ヤマト黎明期の纏向にまつわる記述は『日本書紀』に記されていることであり、中国側の史料である「魏志倭人伝」には、「纏向」の記述はないとした上で、「纏向の宮殿がみつかった」と言うのであれば、まず三代の王（第十代崇神から、第十二代景行天皇）との関係を論じるべきだと主張する（『倭人伝を読みなおす』ちくま新書）。まさに、その通りだと思う。

そもそも、炭素14年代法の示した箸墓の絶対年代が「もっとも古く見積もれば三世紀半ばの可能性」であって、四世紀まで誤差があることを知っていながら、「卑弥呼は三世紀半ばに亡くなったから、まさに箸墓は卑弥呼の墓」と決め付けてしまった段階で、もはや客観的な議論はできなくなってしまったのである。

そこで改めて、弥生《やよい》時代の争乱の様子を、ふり返っておきたいのだ。

本格的な農耕が戦争を招いた？

ここで、弥生時代の戦争について考えてみたい。

大陸で本格的に農業が始まったのは紀元前六〇〇〇年頃で、紀元前五〇〇〇〜同四〇〇〇年に戦争が勃発《ぼっぱつ》している。農業が文明を築き、冶金《やきん》技術が進み、富を蓄《たくわ》えた王が出現し、争いが本格化し、その荒波は、朝鮮半島にも押し寄せていた。

北部九州に稲作が伝わったのは、紀元前十世紀後半に至ってからだ。縄文人《じょうもんじん》が技術や知識を持たなかったわけではなく、稲作を拒《こば》んでいたらしいことは、のちに触《ふ》れる。縄文時代は新石器時代でもあったが、世界の新石器人たちはみな、農耕を選択してい縄文人だけが、個性的な生き方を選択している。たようなのだ。

稲作を選択すると、日本列島内でも地域間の戦争が本格化している。

人類が戦争を始めたきっかけは、あり（コリン・タッジ　竹内久美子訳『農業は人類の原罪である　進化論の現在』新潮社）、日本の考古学者も、同じような発想を持っている（佐原真『人類にとって戦いとは1　戦いの進化と国家の形成』福井勝義・春成秀爾編　東洋書林）。考古学が明らかにした戦争の証拠の九割以上は、農耕社会からみつかっている（もちろん例外もある）。


かつて騎馬《きば》民族日本征服説が盛んだった頃、「狩猟《しゅりょう》民族や騎馬民族は戦争好き」「農耕民は平和主義者」と語られることが多かったように思う。しかし、少なくとも狩猟民族だった縄文人は、自身の縄張りを守り、その生活圏の中で得られる食料に満足し、必要以上の殺生《せっしょう》もしなかった。獲物を捕《と》りすぎれば、いずれ食料が涸《こ》渇《かつ》することを、わかっていたのだろう。

また、他人の縄張りを侵すことも少なかったようだ。だから、縄文人骨に殺傷《さっしょう》痕《こん》は少なく、組織的な戦闘も起きていなかったと考えられている。

これに対して、稲作が伝わり、本格的な農耕が始まると、北部九州を中心に、剣で首を切られ、鏃《やじり》が突き刺さったままの人骨が増えていったのだ。

なぜ、農業が戦争を引き寄せるのだろう。余剰生産によって人口が増え、さらに農地を広げると、水利《すいり》と土地をめぐって近隣と衝突し、組織的な戦争が始まったのだ。

鉄の流通をめぐる主導権争いと衝突の激化

ただし、弥生時代後期の争乱は、鉄の流通をめぐる争いだった可能性が高い。弥生時代の初めは石材の流通を通して平等で互恵《ごけい》関係にあり、ゆるやかに共存していたが、朝鮮半島南部の鉄が流入すると、一部の人間が独占的に支配しようと考え、貧富の差も生まれ、序列や階層が成立していった。

地域差もはっきりとしていった。朝鮮半島にもっとも近い北部九州では、弥生時代前期後半から中期前半に鉄を手に入れ武器が増え、戦闘が起きていたようだ。その痕跡がみつかっている。

北部九州は地の利《り》を活かし、鉄器を独占的に入手していたのだ。その後、弥生時代中期中頃から後半には、北部九州沿岸部や近隣の各平野単位で、大規模集落が出現した。福岡平野の須玖《すぐ》（奴国《なこく》）や糸島《いとしま》平野の三雲《みくも》（伊都国《いとこく》）、佐賀県筑紫《つくし》平野北部の吉野《よしの》ケ里《り》、壱岐《いき》の原《はる》ノ辻《つじ》（一支国）などだ。これが「魏志倭人伝」にも登場する「国」であり、多くの鏡や武器（青銅《せいどう》製、鉄製）を副葬し、青銅器祭器を授受し、戦いを指揮する首長の墓域がともなうことが多い。

無視できないのは、一世紀以降、倭人がさかんに朝鮮半島南部の新羅《しらぎ》に侵攻していたという記事が、『三国史記《さんごくしき》』に記録されていたことだ。

『三国史記』の西暦一四年から五〇〇年にかけて、「倭」にまつわる記事は四七種あり、そのうち通交にまつわるものは一二で、交戦記事は三五ある。倭の勢力が新羅の領土内に押し入ったというのである。

『三国史記』は新羅、高句麗《こうくり》、百済《くだら》の歴史を記した史料で、古代朝鮮半島を研究する上で貴重だ。ただし、成立が西暦一一四五年と新しいため、記事の内容に疑問符が打たれることが多い。特に、弥生時代に倭人が大挙して何度も攻めていたという記録に関して、多くの史学者は懐疑的だった。

その一方で吉田晶《よしだあきら》は、新羅の戦勝記事が多いが、倭人が領内に頻繁に攻め入ってきたり敗れる記事もあり（戦勝一一、敗北五）、新羅にとって屈辱的な内容であり、編集の中心に立っていた金富軾《きんふしょく》が「何らかの原史料によって行ったとみるほかはない」（『倭王権の時代』新日本新書）とする。この考えは正しいと思う。倭人たちは、鉄の利権を求めて、朝鮮半島になだれ込んでいたのだろう。実際に倭人が朝鮮半島南部に鉄を求めてやってきたことは、『三国志《さんごくし》』魏書韓伝弁辰条《ぎしょかんでんべんしんじょう》に記録されているし、直接出向かなくとも、交易を行なって鉄を手に入れていただろう。

日本列島内部でも、鉄という文明の利器を獲得するための流通ルートをめぐる争いが始まっていくのである。

農業社会は土地や水利を求めて近辺で争っていたが、広範囲の地政学を念頭に、いかに大量の鉄器を手に入れるかに奔走したのだ。ここに、敵対勢力や同盟関係といった駆け引きが、（よく言えば）ダイナミックに展開するようになったわけである。ならば、その鉄の流通をめぐる主導権争いが勃発するまでの北部九州以外の地域は、どのような状態だったのだろう。

弥生時代の前期、瀬戸内海《せとないかい》や近畿《きんき》地方へは、なかなか鉄器は流れこまなかった。

互恵的な石の流通が、階層化を防いでいたが、それでも弥生時代中期に入ると、地域間の抗争が始まっている。ただし、中期後半に至っても、北部九州に見られるような、地域を統括するような盟主は生まれていない。ところが弥生時代中期後半頃、様子が変わってくる。瀬戸内海沿岸や島々のあちこちに、瀬戸内海を見下ろす高地性集落が造られていく。生活するには不便だが見晴らしのよい要衝《ようしょう》の高台に、集落が発生したのだ。まず、淀川《よどがわ》流域に、後期末になると九州や瀬戸内西部に高地性集落が出現した。末期前半がピークだったが、そのあと、北陸に広がり、その後関東でも造られるようになった。

ただし、これらの高地性集落を戦争の痕跡と決め付けることはできない。地域間の緊張が高まっていたことを示している。

先述したように、『後漢書』には弥生時代後期（二世紀後半頃）に、西日本を中心に戦乱の時代が到来したと記録している（「倭国乱《わこくのらん》」）が、考古学の物証として、大きな戦いが起きていたことを証明することは、今のところできないでいる。

そして後期に入ると、貨泉《かせん》など外来の文物が流れこんでくる。鉄を求めて、瀬戸内海周辺の人々が、外海とつながっていったのだ。

北部九州と東側の地域で、発展の過程に差があることがよくわかる。

北部九州はヤマト建国に参画していなかった

弥生時代後期に、もっとも栄えていたのは北部九州で、それはもちろん、朝鮮半島にもっとも近いという地の利を活かして、鉄器を大量に保有していたからだ。

このため邪馬台国北部九州論者は、北部九州の邪馬台国が富と権力を携《たずさ》えて、ヤマトに移動したと考えた。これは、ごく自然な発想だった。『日本書紀』も、「初代王＝神武《じんむ》天皇は九州からヤマトに移動した」と語っている。

しかし、近年、この考えは否定されつつある。富み栄えていた北部九州は、三世紀から四世紀、ヤマト建国に参画していなかったことがわかってきたのだ。強い力を得た北部九州だったが、弱い者たちや富を蓄えていなかった者たちの風下《かざしも》にまわってしまった可能性が高くなってきた。

ここに、邪馬台国をはるかに上まわる、大きな謎《なぞ》が生まれてしまったのである。纏向で起きていたヤマト建国は、謎めく事件だった。

中国や朝鮮半島からもたらされた先進の文物をいかにかき集め、他者を圧倒し、国をまとめるか。これが、かつての「日本（ヤマト）誕生」に至る仮説を構築していたし、邪馬台国論争も、「誰が一番富と力を蓄えていたか」を語り合っていたのだ。しかし考古学の進展によって、このような常識が、通用しなくなってしまった。だからこそ、先入観を捨てて、弥生時代後期の日本列島の動きを、見つめ直す必要がある。

それだけではない。弥生時代後期は混乱と戦乱の時代だったが、「ヤマト」は、いつの間にか、あっという間に、魔法のように完成してしまったし、纏向遺跡には環濠《かんごう》や柵が造られなかった。まるで「身を守る意志がなかった」かのようなのだ。そして、各地から集まってきた埋葬文化をまとめて前方後円墳という新しい形を編み出し、これを各地の首長が受け入れて、ゆるやかな連合体が生まれるという、これも大きな不思議な事件が起きていくのである。

「なぜ弥生時代後期は戦乱の時代だったのか」という謎よりも、「なぜヤマトは平和裡《へいわり》に成立し、各地で殺気立っていた首長たちが、ヤマトを受け入れていったのか」の方が、大きな謎なのだ。本当なら、邪馬台国論争など、どうでもよいのだ。

ヤマト建国の不思議と奇跡を、知っておく必要がある。

とは言っても、ヤマト建国に邪馬台国問題が関わっていることは当然なのだから、ふたつの問題をからめつつ、話を進めていこう。

考古学が示したヤマト建国直前の状況

ここで、考古学が割り出した、ヤマト建国直前の、二世紀後半から三世紀前半にかけての西日本の状況をはっきりとさせておこう。倭国乱から箸墓が出現する直前までの話だ。ここに、「奇跡的なヤマト建国」の理由を知るための、多くのヒントが隠されているはずなのだ。そして、考古学は、その謎解《と》きをほぼ終えている。それぞれの地域がそれぞれの地政学上の制約の中で、必死に生き残りを模索していたのである。

まず、弥生時代後期の日本列島（特に西日本）の勢力図を描いておこう。おおまかに峻別《しゅんべつ》する手段に、青銅器分布圏がある。①北部九州から四国西部にかけての銅矛《どうほこ》分布圏、②近畿地方を中心とした四国東部と東海（中部）地方に至る銅鐸《どうたく》分布圏（近畿式と三遠式《さんえんしき》の差はあるが）。③そして、その間に挟《はさ》まれた地域では、いち早く青銅器祭祀《さいし》をやめ、巨大な首長墓を造るようになった。出雲《いずも》は巨大な四隅突出《よすみとっしゅつ》型墳丘墓《がたふんきゅうぼ》を、吉備《きび》では円丘墓に突出部分をつけ、特殊器台形土器《とくしゅきだいけいどき》を生み出していた。④また丹後《たんご》では、長方形の墳丘墓を造って祀《まつ》るようになった。舶来品の入手ルートを北部九州に握られていて、これに対抗する意味があったとする説がある（寺沢薫『日本の歴史02 王権誕生』講談社）。このうち、銅鐸分布域と出雲、吉備が、三世紀に纏向に集まってくる。

銅矛分布圏では、広形《ひろがた》銅矛が神の依代《よりしろ》として珍重されていた。その分布圏は、おそらく『後漢書』に記された「倭国（北部九州の部族的国家連合）」の地域で、強い王（首長）が、銅矛を威信財《いしんざい》として活用し、墓に副葬していたのである。

これに対し銅鐸分布圏では、鳴らす銅鐸（鳴らすための舌《ぜつ》がついたもの。後に舌がないものが主になっていくがこちらが本来の利用法。ただし呪器《じゅき》であることに変わりはない）を呪術《じゅじゅつ》で土に埋め、そのあと銅鐸をどんどん大きくしていった。一メートルを超える代物《しろもの》まで現れたが、その目的が興味深い。

まず、近畿地方で辟邪《へきじゃ》を目的にした巨大銅鐸（舌がなく、鳴る構造になっていない）

青銅器の分布図

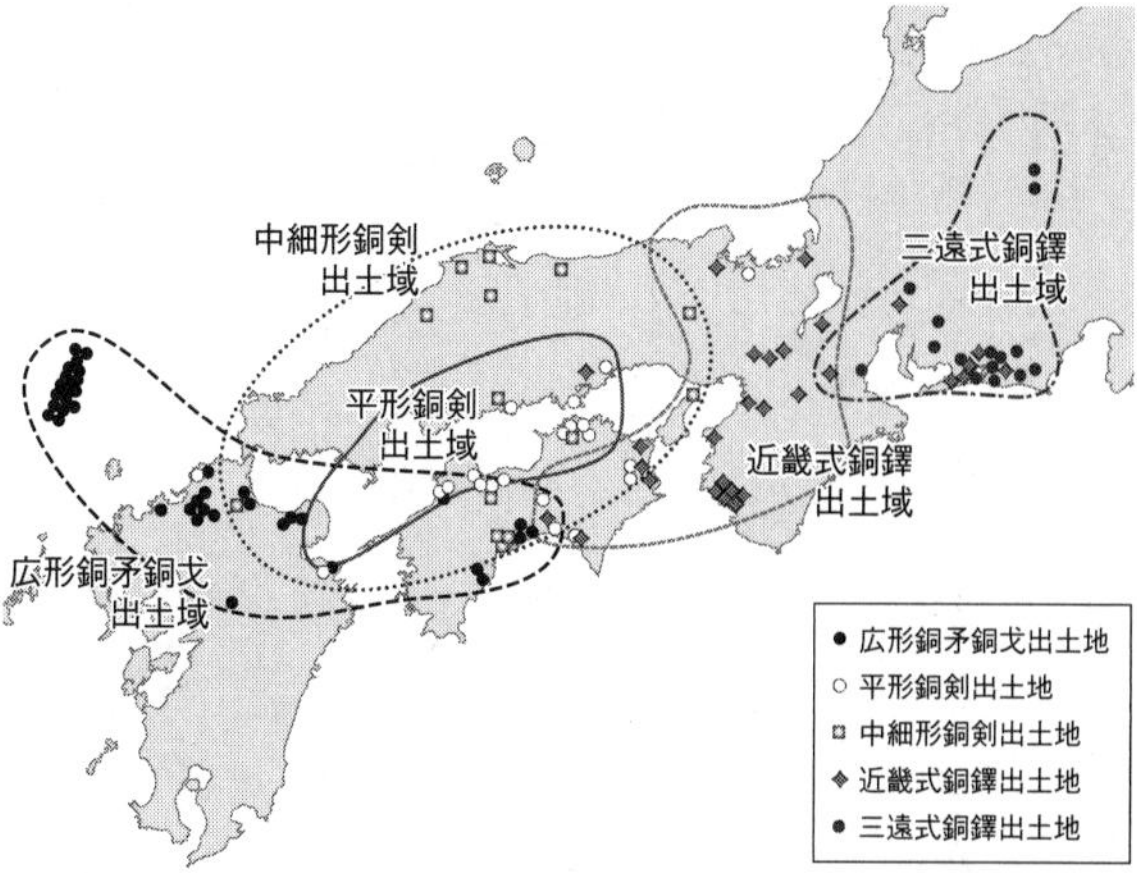

（『地国・年表・図解でみる 日本の歴史』を元に作成）

が生まれた。広い地域の「国」や「集団」が管理し、敵対勢力から身を守る役割を担《にな》った。この「緊張感」がやがて東海地方の三河《みかわ》や遠江《とおとうみ》に広がり、三遠式銅鐸が生まれたのだった。

なぜ、近畿地方から東海地方にかけて、巨大な銅鐸が作られたのだろう。その理由は意外なもので、辟邪の祭器を、みなで共有するためだったのだ。巨大化することで、首長は独占できなくなった。集落のみなで銅鐸を祀り、首長は墓に埋めることもしなかった。みな、強い王を望まなかったのだ。

富を蓄え、鉄器を大量に保有し強大な王が立った北部九州と、弱い王を担《かつ》ぎ上げたふたつの勢力圏が生まれたわけである。

ならばこの後、何がどうしてヤマトに大きなまとまりが生まれたのだろう。話は、簡単ではない。

このあと日本列島は、中国の文書に記された「倭国大乱《わこくたいらん》」の時代を迎えていき、高地性集落が盛んに造られるようになっていった。

この時代の混乱は、北部九州の行き詰まり感にあったようなのだ。北部九州沿岸部の王国は、それぞれが中国の後漢に接触し、虎の威を借りていたが、後漢そのものが衰退していく。そして道教系の新興宗教・太平道《たいへいどう》の信徒が黄巾《こうきん》の乱（一八四）を起こし、後漢の滅亡を招く。

ここに、魏・呉《ご》・蜀《しょく》の三国時代が到来する。そして、魏はすばやく朝鮮半島に進出し、帯方郡《たいほうぐん》をおさえて、一帯に圧力をかけたのだった。邪馬台国の卑弥呼が帯方郡に使者を送ったのは、まさにこの時だった。

ヤマトの発展を恐れた北部九州

朝鮮半島にもっとも近かった北部九州に集中し、さらに日本海沿岸部や吉備にも、鉄器は広まっていった。これに対し、近畿地方は鉄器の過疎《かそ》地帯となっていた。

この時、北部九州はヤマトに鉄がまわらないように、関門《かんもん》海峡（山口県と福岡県の県境）を封鎖したのではないかとする説がある。

近藤喬一《こんどうきょういち》は『古代出雲王権は存在したか』（松本清張編　山陰中央新報社）の中で、流通を北部九州が管理しただけではなく、関門海峡を封鎖してしまったのではないかと指摘している。

関門海峡のもっとも狭い部分（早鞆《はやとも》ノ瀬戸《せと》）の幅《はば》は七〇〇メートルで、潮《しお》の満ち引きで作られた海流は最速八ノットに達する。瀬戸内海は内海で穏やかなイメージが強いが、瀬戸内海には四つの入口があって、どこも狭い。しかも多島海《たとうかい》だから、海底の地形も複雑だった。満ち潮と引き潮によって速く予想のつかない海流を生む。地元の海人《あま》は、この潮流を利用して自在に船を操った。そして、漕《こ》ぎ続けることなく、重い鉄を船に積んで移動することが可能だった。瀬戸内海は、西日本の大動脈になる潜在能力を携えていたのだ。だから、関門海峡を封鎖することは、戦略的には間違いではない。

ただ、なぜヤマトや近畿地方を恐れたのか、という謎が残る。なぜ、目の敵《かたき》にしたのだろう。本当に、そこまでして鉄を渡したくなかったのだろうか。

簡単なことだと思う。航空写真を眺めれば、一目瞭然《いちもくりょうぜん》だ。奈良盆地は、東側の高台から下った場所にあり、さらに盆地の西側には生駒《いこま》・葛城山系《かつらぎさんけい》が立ちはだかり、瀬戸内海側から押し寄せる人たちにとっては通せんぼうをされていることになる。山系の間を通る大和川《やまとがわ》は、思いのほか狭い。

神武天皇は九州から瀬戸内海を東に進み、大阪方面からヤマト入りを目論《もくろ》んだ。この時、大和川を通ることは危険と感じ、生駒山を越えようとしたが、これが裏目に出て、ヤマトに先にやってきていたナガスネビコ（長髄彦）に追い返されている。生駒山を背に陣を布《し》いたナガスネビコを、神武は倒せなかったのだ。

時代はだいぶ下るが、鎌倉幕府の雲霞《うんか》のごとき大軍を、楠正成《くすのきまさしげ》は葛城山（現・金剛山《こんごうさん》）の山城《やまじろ》を駆使して追い払った。奈良盆地は、西に突き出た東ではないかと

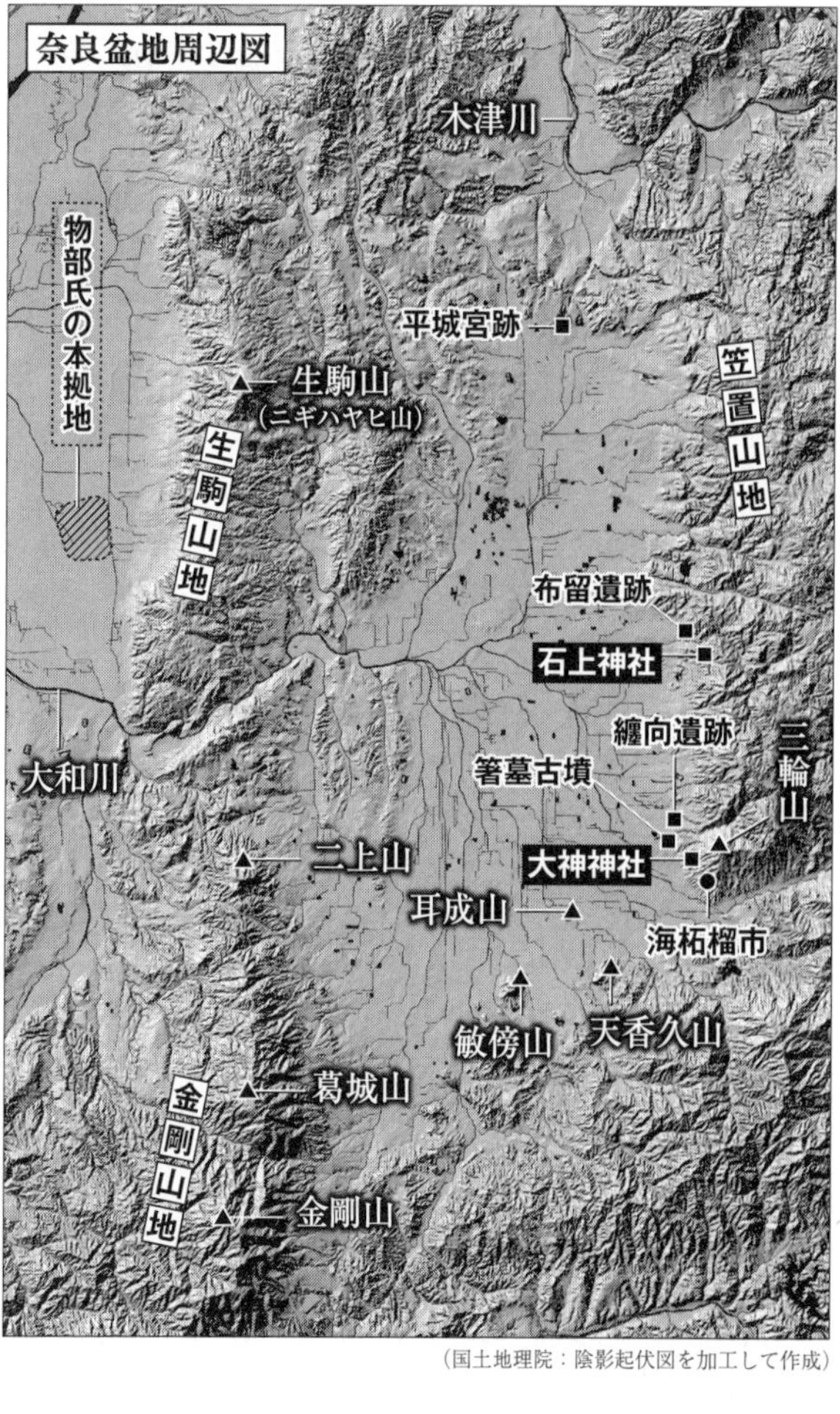

（国土地理院：陰影起伏図を加工して作成）

考えられるようになってきた。

地形を見るとわかる地政学的状況

余談ながら、纏向遺跡に集まってきた人々は、奈良盆地やその周辺に拠点を構えたが、纏向遺跡の位置そのものが、「東からやってきた人々に有利な場所」だったことがわかるはずだ。東南のへりで、東国から陸路でやってきた人々にとってはヤマトの入口にあたる。

纏向遺跡のすぐ南側に最古の市場・海柘榴市《つばいち》が存在したが、この一帯は縄文時代から東国とつながる陸路が出現していたという。ヤマト黎明期の主導権争いの中で、いったん事が起きれば、東からの援軍を要請できるし、いざとなれば東側の高地に陣を構えることができる。

かたや西側からヤマト建国に参画した人々は、西側の生駒山と葛城山周辺に拠点を構えただろう。纏向遺跡は「東にとって優位な場所」である。纏向遺跡に対抗するには、西からの加勢を頼める場所を求めたはずだ。もちろん、瀬戸内海側からすぐに奈良盆地にやってこられる場所だ。

古代最大の豪族《ごうぞく》・物部《もののべ》氏は、大阪府の八尾《やお》市から生駒山、斑鳩《いかるが》周辺をおさえていたから、彼らは西側からやってきた人々と察しがつく。ちなみに、奈良盆地を西側から睥睨《へいげい》し、瀬戸内海を見渡すことのできる生駒山を、昔はニギハヤヒ山と呼んでいた。ニギハヤヒは物部氏の始祖だ。

一方、北部九州の地理もまた、興味深い。朝鮮半島に近いこと、天然の良港の博多《はかた》湾や止まり木としての壱岐、対馬《つしま》が存在したために、鉄の産地である朝鮮半島南部との往来が楽だった。当然富を蓄えることができた。

その一方で、地政学上のネックがあったのだ。それは、東側から攻められると弱いということだ。筑後川《ちくごがわ》上流の大分県日田《ひた》市の盆地を東の勢力におさえられてしまうと、筑後川の下流域のみならず、北部九州沿岸部でも、挟み撃《う》ちに遭《あ》ってしまう恐れがあった。筑紫平野の勢力が日田を取りかえそうとしても、筑後川上流の日田の入口は渓谷になっていて、大軍で押し寄せることができない。

実際、纏向に人々が集まった時、近畿地方や山陰地方から、多くの人たちが北部九州に流れ込んでいたことが考古学的にわかっているのだが、まずはじめにヤマト側がおさえたのは、奴国（福岡県福岡市と周辺）と日田だった。日田盆地の北側の高台（一等地）に、政治と宗教に特化した環壕（濠）集落が誕生していて（小迫辻《おざこつじ》原《ばる》遺跡）、畿内と山陰系の土器がみつかっている。ヤマトは明らかに、日田の意味を理解し、いち早くおさえたのだ。ちなみに、江戸幕府も、ここを天領《てんりょう》（幕府直轄領）にして楔《くさび》を打ち込んで北部九州に睨《にら》みをきかせていた。

弥生時代の人口密度に注目する

さて、北部九州からみた奈良盆地の地政学的観点から見た「不気味さ」は、「ヤマトの背後に隠れている東国の潜在力」だったのではあるまいか。

旧石器時代から、すでに日本列島の中で関東平野に人が集まっていたが、縄文時代の人口も、関東地方や東国（不破関《ふわのせき》以東の国）に集中していた。弥生時代に至り、西日本で稲作が始まり、人口爆発が起きていたから、人口比は逆転したのではないかと思いがちだが、近畿地方以東の地域の人口には届いていない。

たとえば、弥生時代の人口密度は、九州は一平方キロメートルあたり、一・五六人、近畿三・三三、東海四・五〇、中部三・〇七、関東三・二〇人という試算がある（『縄文世界の一万年』泉拓良・西田泰民　集英社）。この人口密度の差は、大きい。これは、ヤマト建国や邪馬台国を考える上で、意外な盲点になってきたと思う。鉄器の量ばかりに注目が集まり、地政学と人口に関しては、あまりに無頓着だったのではあるまいか。

仮に、北部九州の人々が鉄剣を大量に保持していたとしても、大軍に攻められれば、勝ち目はない。近代戦の火器の優劣とは、比較にならない。軍勢が多い方が、有利だろう。その差を穴埋めできない。

ヤマトと東は弓矢、北部九州は剣

北部九州からみつかった弥生人骨の殺傷痕の多くは剣のあとだが、東国では鏃が刺さっていることが多かった。北部九州は白兵戦《はくへいせん》を得意として、以東では、遠くから矢を射かけて戦っていたことがわかっている。

北部九州の王（首長）たちは、銅矛や銅剣を権威の象徴として墓にも埋めたように、大量に保有する金属器を誇示していた。だから実際の戦闘でも、剣を重視して周囲を威圧していたのだろう。

九州の首長たちは、鉄剣の威力を過信していたのかもしれない。しかし、実際の集団戦となれば、遠くから矢を射かけた方が強いだろう。中世に至っても、合戦《かっせん》の主役は弓矢だったし、だからこそ、武士は「弓取り」と呼ばれていたわけだ。黒曜《こくよう》石《せき》の鏃は、時と場合によっては、鉄の鏃よりも貫通力があったという。やはり、戦争における弓矢の優位性は、揺るがないと思う。

ちなみに、鎌倉や室町時代の冑《かぶと》の「鉢《はち》（ヘルメット部分）」の周囲（下部）に垂らした「錏《しころ》」が戦国時代と比べて広く大きいのは、弓矢の雨をこの部分で防ぐ役目を負っていたからだ。馬上で前屈して、弓を受けとめるのだ。鉄砲の普及によって、この部分は小さくなっていく（邪馬台国論争とはまったく関係のない話だが）。

北部九州の王たちにとってもうひとつ気がかりだったのは、北部九州や日本海側が鉄器を大量に保有するようになると、やがて瀬戸内海や近畿地方、東国もこれを欲するであろうこと、北部九州は東の人々が朝鮮半島に向かう際の通過点であり、東方との衝突は時間の問題と判断していたことだと思う。

ちなみに、邪馬台国北部九州論者の中には、北部九州勢力が富と権力を長い間保ち続け、ヤマト政権に対抗していたと主張する者もいる。しかし、ヤマト建国の最初の目的は、朝鮮半島に通じる道を確保することで、そのために近畿地方周辺の人々が奈良盆地に集まったのだから、北部九州が独立できた可能性は低い。北部九州は日本列島の中でもっとも重要な外交と交易の拠点なのだから、東側に大きな政権が誕生すれば、独立を許すはずがない。

北部九州と出雲は吉備と手を組んだ?

弥生時代後期、北部九州だけではなく、山陰地方や北陸にも、鉄器は流入していた。普通に考えれば、瀬戸内海勢力と近畿地方、東海地方も、鉄を欲するはずだ。しかし、近畿地方が鉄器を手に入れて強大化すれば、北部九州は滅亡の危機を迎える。しかも、北部九州には「筑後川上流の日田の盆地」というアキレス腱《けん》がある。

そこで北部九州は、策をめぐらせた可能性は高い。すでに述べたように、関門海峡を塞《ふさ》いだ。ただし、これだと、瀬戸内海勢力が反発することは明白だ。そこで、出雲と手を組み、吉備に鉄を流したようだ。この時、北部九州の土器が、出雲に流れ込んでいたことがわかっている。

それだけではない。北部九州の戦略は、緻密《ちみつ》だったように思う。同盟国となった出雲は、独自の埋葬文化を完成させ（四隅突出型墳丘墓）これを越《こし》（北陸地方）に伝えていく。この時代、越も、急速に鉄器の保有量を増やしていった。

これに反発したのは、タニハ（但馬《たじま》、丹波《たんば》、丹後、若狭《わかさ》）だった。山陰地方東部で、弥生時代後期に出雲の四隅突出型墳丘墓を拒絶した地域を、便宜上ひとくくりにしてこう呼んでいる。どうやら、強大な北部九州・出雲連合の出現に、ヘソを曲げたようなのだ。丹後半島に豪奢《ごうしゃ》な副葬品を供えた長方形の墳丘墓が出現している。タニハはこの時代、大量の鉄器を保有していたから、北部九州と出雲の圧力をはね返すことができただろう。状況から判断するに、おそらく壱岐・対馬を経由せずに、朝鮮半島に直接向かうルートを構築していたことも想定可能だ。

ただし、出雲と越の四隅突出型墳丘墓による同盟関係は、長続きしなかった。一瞬で終わっている。このことは、『古事記《こじき》』神話にもそっくりな話がある。

出雲の八千矛神《やちほこのかみ》（大己貴神《おおなむちのかみ》、大国主神《おおくにぬしのかみ》）が高志《こし》の国（越）に才色兼備の女性（沼河比売《ぬなかわひめ》）がいると聞きつけ、求婚に訪れている。沼河比売と歌を交わし、翌朝結ばれた。ところが八千矛神の嫡后《おおきさき》（正妻）須勢理毘売命《すせりびめのみこと》が嫉妬《しっと》してしまった。八千矛神は困り果て、出雲から倭国（大和国？）に上ろうとする時、須勢理毘売命と歌をやりとりし、盃《さかずき》を交わし誓いを結んで和解した……。

では、沼河比売（奴奈川姫）はどうしたかというと、越周辺には、嘆き悲しんだ沼河比売が、入水《じゅすい》して果てたと伝わっている。なんともやるせない。

この話、弥生時代後期の考古学の指摘と、ぴったりと重なっている。だから、神話と侮《あなど》ることはできない。

もうひとつ注目すべきは、瀬戸内海だ。

北部九州にとって瀬戸内海は、頭の痛い問題だったと思う。ヤマトに強大な勢力が出現すれば、瀬戸内海勢力はヤマトに靡《なび》き、北部九州になだれ込むであろうこと、内海で潮の流れの速い瀬戸内海と関門海峡をヤマトにおさえられれば、それこそ日本有数の流通ルートが出現することになる。

そこで北部九州と出雲は先手を打ち、吉備に働きかけ、東側の明石《あかし》海峡を封鎖した疑いが強い。なぜそう考えるのか、理由を説明しよう。

ここで重大な鍵《かぎ》を握っていたのが、播磨《はりま》（兵庫県南西部）なのだ。明石海峡の制海権を握るには、淡路島《あわじしま》と対岸の播磨国の「陸地」を、まずおさえる必要があった。だから、播磨はヤマト建国の前後、きな臭い場所になっていった。播磨を誰が制するかが、歴史の大きな転換点になっていった。

結論を先に言ってしまうと、出雲が播磨で敗れた瞬間、すべてのパワーバランスが崩れたのだ。しかもそれを成し遂げたのは、ヤマト単独ではなく、タニハが大いにからんでいたことだ。そして、明石海峡はヤマト側が手に入れ、あわてた吉備は、すんなりヤマトに靡き、出雲も渋々ヤマト建国に参画した……。なぜ、このような推理が成り立つのか、以下、説明していこう。考古学と文献から、はっきりとわかってくることでもある。

播磨の悲劇（?）を、再現してみよう。ここに、邪馬台国とヤマトの大きな秘密が隠されていたのである。

出雲系の神や人物が登場する『播磨国風土記《はりまのくにのふどき》』の不思議

まず注目したいのは、『播磨国風土記』だ。ここに、ヤマト建国直前の瀬戸内海の交易の道をめぐる争奪戦が描かれている。ちなみに、播磨国は、古代から交通の要衝だった。四国から淡路島を通って（あるいは直接船で）播磨にやってくる人も多かったようだ。播磨から各地に散らばっていくことも可能だった。

『播磨国風土記』には、播磨で戦争が絶《た》えなかったこと、播磨に多くの地域から人々が集まっていたことが記録されている。第十五代応神《おうじん》天皇の時代、首長たちがバラバラになって争っていたので、応神天皇は首長たちを皆殺しにしてしまったという物騒な話も載る。一大ジャンクションであり、海の関所の役割も果たした播磨（明石海峡）の治安維持は、政権にとっても大切だったわけだ。

これは不思議なことなのだが、『播磨国風土記』には、なぜか日本海側の出雲系の神や関係者が登場する。その例をいくつか挙げてみよう。

賀古郡《かこのこおり》の条に、第十二代景行天皇（ヤマトタケルの父）が播磨国印南《いなみ》郡に皇后を求めてやってきた時の話が載る。皇后の寝床の掃除などに従事する出雲臣比須良比《いずものおみひすらひ》売《め》の名が挙がる。これは出雲国造《こくそう》家の縁者だ。餝磨《しかま》郡英賀《あが》の里《さと》条には「伊和《いわ》の大《おお》神《かみ》」の子が登場するが、伊和の大神は出雲系だ。同郡枚野《ひらの》の里条には大汝《おおなむち》少日子《すくなひこ》根命《ねのみこと》の名があり、出雲建国で活躍した大汝命（大己貴神、大国主神）と少彦名命《すくなひこなのみこと》が重なっている。

揖保《いいぼ》郡上岡《かむのおか》の里条には、ヤマトの畝火《うねび》・香山《かぐやま》・耳梨《みみなし》（ようするに大和三山）が争ったために、出雲国の阿菩《あぼ》の大神《おおかみ》（系譜は定かではない）が諫《いさ》めて止めようと考え、ここにやってきた時、争いは収まったと知ったので、乗っていた船を裏返して伏せて鎮座した。これは、喪船《もふね》に蓋《きぬがさ》をして埋葬されたという意味だと言う。

もうひとつ無視できないのは、歴史時代の弩美宿禰《のみのすくね》の話だ。揖保郡立野《たちの》の条に、次の一節が載る。その昔、土師《はじ》（土器や埴輪《はにわ》を作る人）の弩美宿禰が、出雲と往き来していたが、ここで亡くなってしまった。そこで出雲の人々がやってきて、墓を造ったと言うのだ。

弩美宿禰は『日本書紀』に登場する野見《のみ》宿禰のことで、第十一代垂仁天皇の時代（ヤマト建国黎明期ということになる）に力自慢の当麻蹶速《たぎまのけはや》を倒すために出雲から招かれ、相撲《すもう》をして見事勝利した（蹴《け》り殺した）。その後垂仁天皇に仕《つか》え、埴輪を作り、殉葬《じゅんそう》の風習はやめるようになったと言う（人の代わりに埴輪を古墳に並べた）。

なぜ、播磨国の風土記に、出雲の神々や関係者が頻繁に登場するのだろう。『播磨国風土記』にこだわるのは、ここに大きな秘密が隠されていたからなのだ。ヤマト建国と邪馬台国の真相を知るための、意外なヒントとなる。

「播磨問題」はヤマト建国直前の瀬戸内海情勢であり、ヤマト建国は瀬戸内海問題でもある。仮に人々がヤマトに集まって独立したとしても、瀬戸内海が封鎖されたままでは、立ち枯れるのがオチだったからだ。逆に言えば、瀬戸内海を制したヤマト王国は、北部九州にとって「もはや戦うことのできない強国」になったことを意味していたはずだ。

だからこそ、播磨国で何が起きていたのか、注目せざるを得ない。『播磨国風土記』は、「いっぱい変なことが起きていた」と、証言しているのだ。これを無視しておく手はない。

歴史時代のアメノヒボコが播磨で出雲神《いずもしん》と戦っている

『播磨国風土記』のもうひとつの謎は、アメノヒボコ（天日槍・天之日矛）が播磨で出雲神と戦うこととなのだ。ちなみにアメノヒボコは歴史時代の「実在の人」だから、出雲神話の神々と戦ったという設定からして、矛盾《むじゅん》している。時間軸が狂っている。しかし、のちに説明するように、ここに大きな意味が隠されていたのだ。ちなみに、アメノヒボコは『日本書紀』や『古事記』にも登場する。『日本書紀』に、次の説話が載る。

アメノヒボコははじめ小舟に乗って播磨国に停泊し、宍粟邑《しさわのむら》（兵庫県宍粟市《しそう》）に留《とど》まっていた。垂仁天皇は使者を遣《つか》わし、素姓《すじょう》を問いただした。すると「新羅王子で、聖皇《ひじりのきみ》（崇神天皇。すでに亡くなっていた）がいらっしゃると知り、自国を弟に譲り、帰化《きか》しようとまいりました」と言い、八つの献上品を差し出した。垂仁天皇は宍粟邑と淡路島の出浅邑《いでさのむら》（兵庫県洲本市《すもと》）を下賜《かし》しようとしたが、アメノヒボコは「棲《す》む場所は、もし許されるなら、自分で探したい」と申し上げ、許されると、菟道河《うじがわ》（宇治川）をさかのぼり、近江《おうみ》の吾名邑《あなのむら》（滋賀県米原《まいばら》市）に入って棲みつき、しばらくして近江から若狭国（福井県西部）を経て、但馬国（兵庫県豊岡《とよおか》市とその周辺。「タニハ」の西のはずれに位置する）に至った。

くどいようだが、アメノヒボコは歴史時代の人だ。ただ「神話の主人公並みの高貴な名」を与えられていることは、無視できない。しかも、『日本書紀』がもっとも嫌った新羅の王子なのに、なぜ神のような名をつけたのだろう。どうにも腑《ふ》に落ちない。

さて、『播磨国風土記』揖保郡粒丘《いいぼおか》条に、次の記事がある。

アメノヒボコが韓国《からくに》からわたってきて、宇頭《うづ》（揖保川《いぼがわ》）の河口にいたり、葦原《あしはらの》志挙乎命《しこおのみこと》（出雲神）に、「あなたは国の主だ。私の宿がほしい」と乞うた。すると、葦原志挙乎命は、「海ならばよい」と答えた。するとアメノヒボコは、剣で海をかき混ぜて宿にした。葦原志挙乎命はその勢いを恐れ、先に国をおさえてしまおうと、粒丘に登り、あわてて御飯を食べた。口から飯粒が落ちて、粒丘と名付けた。丘の石がご飯粒に似ているからだ……。

ふたりの戦いはこれだけではない。宍禾郡《しさわ》に、次の話が載る。「葦原志挙乎命とアメノヒボコは谷をめぐって争った。そこで『奪谷《うばいたに》』という地名ができた」とある。同郡伊奈加川《いなかがわ》の条に、葦原志挙乎命とアメノヒボコが国占め争いをした時、いななく馬がいて、この川で出逢ったため、「伊奈加川」になったという話や、同郡波《は》加《か》の村の条にもふたりの話が載り、同郡御方《みかた》の里の条には、葦原志挙乎命とアメノヒボコが黒土の志爾嵩《しにたけ》に至り、各々が黒葛《くろかづら》三《み》条《かた》を足につけて投げたと伝える。

これは、国占めをする時の呪術だ。その時、葦原志挙乎命が投げた中の一条は但馬の気多郡《けたのこおり》（兵庫県豊岡市南部）に落ち、一条は夜夫郡《やぶの》（兵庫県養父《やぶ》市）に落ち、一条はこの村に落ちた。そこで三条と言う。アメノヒボコの黒葛はすべて但馬国に落ちた。そこで伊都志《いづし》（出石《いずし》）を占めていらっしゃると言う。神前郡《かむさきの》の条には、アメノヒボコの軍勢が八〇〇〇人いて、地名が「八千軍《やちぐさ》」になったとある。

アメノヒボコが播磨にやってきたことは『日本書紀』も認めている。しかし、なぜ出雲神と時空を超えて戦ったのか。なぜそれが、播磨の地だったのだろう。

『播磨国風土記』は朝廷《ちょうてい》の検閲を受けていない

『播磨国風土記』には他の『風土記』にはない、大きな特徴がある。現存する『風土記』の中で、唯一朝廷のチェックを受けていないのだ。これを見逃すことはできない。

『風土記』（「解《げ》」「解文《げぶみ》」）は官撰地誌で、諸国から太政官《だいじょうかん》に上申《じょうしん》された公文書だ。奈良時代初期の和銅《わどう》六年（七一三）五月二日に元明《げんめい》天皇の命令で編纂《へんさん》が命じられている。『日本書紀』の完成がその七年後だから、並行して作られていたのだろう。『続日本紀《しょくにほんぎ》』には、「畿内と七道《しちどう》と諸国の地名を好字《こうじ》（縁起の良い文字）で表記すること、産物・植物・鳥・獣《けもの》・魚・虫など）、土地の肥沃《ひよく》の状態や、古老《ころう》の伝える旧《きゅう》聞異事《ぶんいじ》を記録して言上《ごんじょう》しろ」と記されている。ただし、『日本書紀』は『風土記』の記事を参考にしている気配がない。

問題は、『播磨国風土記』の場合、朝廷に提出した完本は残っておらず、播磨国の国庁に残っていた提出前の草稿（未整備稿本）が残っていたことなのだ。つまり、朝廷のチェックを受けていないのだ。『日本書紀』が展開した神話の世界と『播磨国風土記』の説話の間で、「口裏合わせ」をしていない状態のまま残っていたことになる。

だから、出雲神とアメノヒボコが播磨で戦っていたという記事を、「時代が違うから信じられない」と切り捨ててしまうのは、じつにもったいない話なのだ。それこそ「古老の伝える旧聞異事」を、そのまま記録したのではなかったか。

ただし、出雲神とアメノヒボコが戦っていた伝承が残っていたとしても、なぜ、出雲や但馬の関係者が、日本海側ではなく、播磨の地で争っていたのだろう。

これには、地政学的にはっきりとした理由を提示できると思う。

「邪馬台国と何の関係があるのか」と、訝《いぶか》しむことなかれ、ここに重大なヒントが隠されているのだ。

まず、播磨の陸路の利便性を考えてみたい。

山陽新幹線に乗ればわかる通り、神戸を出て西に向かうと、トンネルの連続で、景色を愛《め》でる余裕はない。それはなぜかと言うと、中国地方の瀬戸内海側には、ほとんど平地がなく、低山が海に迫っている。日本列島を縦断する大きな道が整備されるのは、七世紀後半以降なので、中国地方の瀬戸内海側の人々は、隣村に行くのに、獣道《けものみち》を通っていたに違いない。いや、彼らは船に乗って移動していたのだろう。

ただし、不思議に思うのは、播磨には日本を代表する巨大城郭・姫路城《ひめじじょう》（兵庫県姫路市）がそびえていることで、徳川《とくがわ》幕府は西国《さいごく》の外様大名《とざまだいみょう》に眼を光らせるための西国探題《たんだい》を置いている。なぜここに防衛拠点を構えたのか、視点を「瀬戸内海と日本海の交流」に向けてみると、播磨の重要性が見えてくる。

日本海と瀬戸内海をつなぐ陸路

まず、弥生時代中期に、播磨の土器が丹波や但馬に影響を与えていた。ところが、弥生時代後期になると、文化の逆流が起きる。山陰や丹波の影響力が増していた。日本海勢力が、鉄器を大量に保有し、優位に立っていったのだ。また、播磨の北部に山陰系土器が流れ込み、これが播磨全体にひろがっていった。さらに、ヤマトの纏向が出現した時代、纏向で生まれた庄内《しょうない》式土器が増えていく。播磨の地で出雲とタニハとヤマトが交錯《こうさく》していたことは間違いないが、なぜ出雲とタニハなのかと言えば、出雲とタニハは播磨と陸路で「Vの字状」につながっていたからだ。

播磨から北西に向かって出雲街道が延びていて、先述した野見宿禰は、ここを往来していた。陸路で播磨と出雲はつながり、出雲の人々は播磨経由でヤマトに出られたのだ。

一方タニハはどうだろう。播磨から加古川《かこがわ》に沿って北東に向かうと、日本でもっとも低い分水嶺《ぶんすいれい》（兵庫県丹波市氷上《ひかみ》町）に行き着く。標高は約九五メートルで、「峠《とうげ》」と呼べないほぼ平らな土地だ。日本海側に向かって、由良川《ゆらがわ》が下っていく。豊岡市（但馬国）から西側の日本海側は、リアス式海岸だから、日本海を見下ろす場所に列車も風で吹き飛ばされる恐怖の鉄橋が造られたのだ（山陰本線・余部《あまるべ》鉄橋）。トンネルや鉄橋のない時代、当然日本海を西に向かうには舟を利用しただろうし、ひょっとすると、一度歩いて瀬戸内海に出て陸路で出雲に向かう手もあったかもしれない。

ちなみに、この時代の出雲の実力は、侮れないものがあった。ヤマト建国にもっ

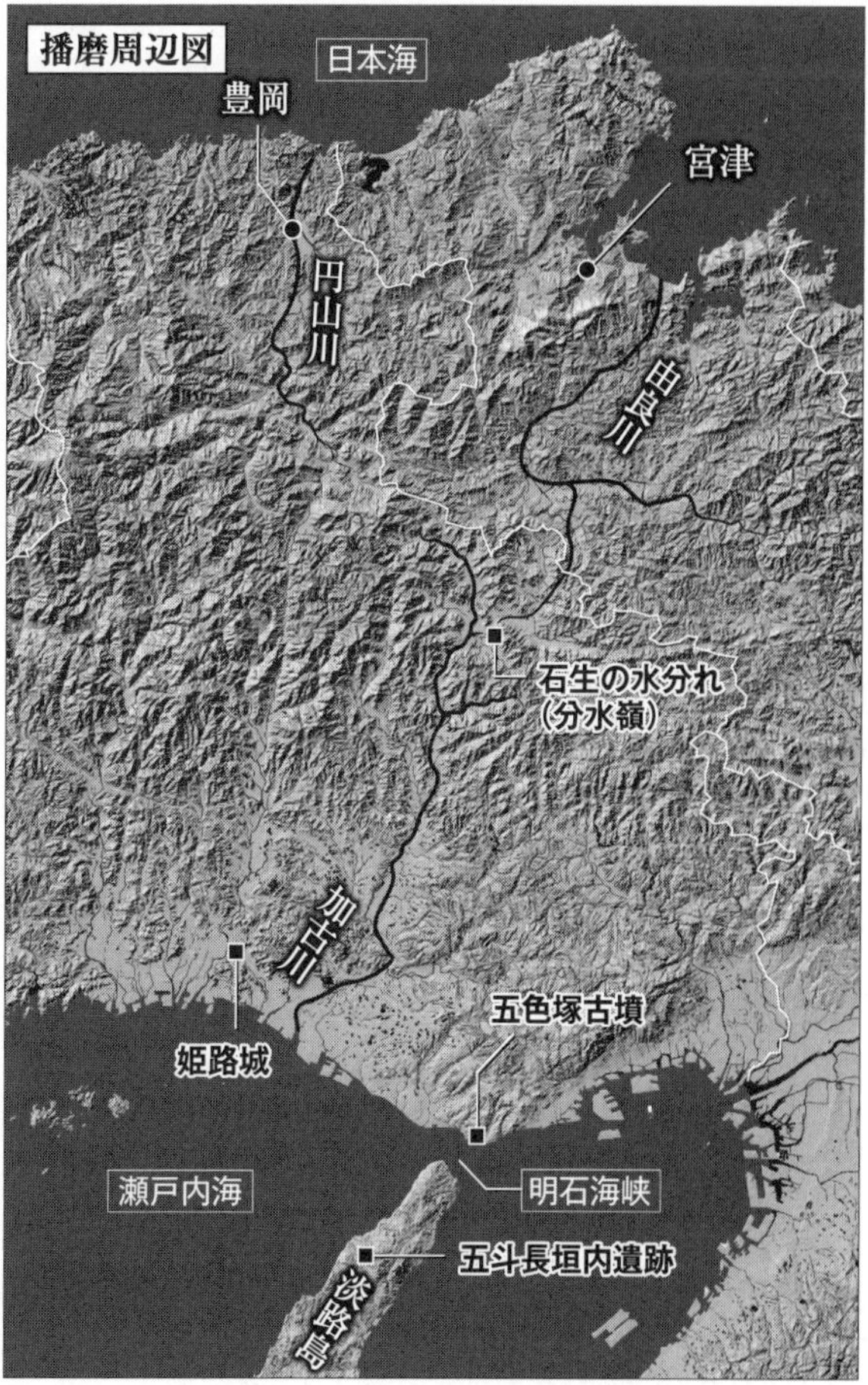

（国土地理院：陰影起伏図を加工して作成）

とも貢献した地域は、一般的には「吉備ではないか」と考えられていて、それはなぜかと言うと、前方後円墳の埋葬文化にもっとも影響を与えたのが吉備だったからなのだが、ヤマト建国直前の吉備は、出雲に圧倒されていたようなのだ。

吉備中心部では双方中円式墳《そうほうちゅうえんしき》丘墓や特殊器台形土器が造られて、前方後円墳の原型ではないかと大いに注目されているが、弥生時代後期後葉から末葉にかけて、周縁部には出雲系の影響を強く受けた土器が広がっていたことがわかっている(池橋幹『考古学研究』第三十二巻 考古学研究会)。吉備は日本海側から鉄を仕入れていたから、出雲には勝てなかったのだ。

吉備から見たヤマト建国は、「起死回生のチャンス」であって、しかもヤマト建国後の主導権争いで、吉備はひとり勝ちしていく(のちに詳しく触れる)。だから、ヤマト建国の歴史は、各地域の思惑と事情という視点から見つめ直す必要がある。

もうひとつ余談をしておく。

崇神天皇は各地に将軍を派遣したが(四道《しどう》将軍)、西に向かった将軍のひとりは山陽道《さんようどう》を進み、もうひとりは「丹波」に向かっている。物語の中で丹波の先に進まなかった理由のひとつは、タニハから西の海岸沿いに、陸路がなかったからなのかもしれない。ヤマトにしても、タニハから陸を西に進むよりも、播磨から陸路で出雲に向かった方が楽だったのだろう。

いずれにせよ、瀬戸内海の航路をめぐって、出雲とタニハが覇権《はけん》を争っていた可能性は高く、播磨の争奪戦は、熾烈《しれつ》を極めたのだろう。ただし、くどいようだが、播磨が最後の目的ではなかったと思われる。播磨を奪取すれば、明石海峡を支配できるのだ。

淡路島は「出雲＋北部九州」の勢力下にあった

ここで話は淡路島に飛ぶ。

平成十六年（二〇〇四）に淡路島を巨大台風が襲《おそ》い、復旧作業のさなか、畑から弥生時代後期の建物群と多数の遺物が発見された。これが、五斗長垣内遺跡《ごっさかいといせき》（兵庫県淡路市黒谷）である。

竪穴《たてあな》建物が二三棟みつかり、そのうち鉄器工房と目される竪穴建物跡が一二棟にのぼった。鉄器は一三〇点、石製工具類は多数みつかった。一世紀頃から約百年間続いた鍛冶《かじ》工房だ。南北約一〇〇メートル、東西約五〇〇メートルある。

さらに、五斗長垣内遺跡から北東六キロメートルの場所に、弥生時代後期（二世紀半ばから三世紀初め）のやはり鉄器工房跡の舟木《ふなき》遺跡（四〇ヘクタール）もみつかり、淡路島で盛んに鉄器を作っていたことがわかった。

のちに再び触れるように、この時代の近畿地方は鉄器の過疎地帯で、邪馬台国畿内説の足かせになっていた。だから、淡路島の鉄器工房の発見は、畿内論者を小躍《こおど》りさせたのだった。つまり、「淡路島の鉄が畿内にもまわってきていたはず」だから邪馬台国畿内説の証拠になると言いたいのだ。

しかし、弥生時代後期の淡路島は、ヤマトに従属していたとは思えない。そう考える理由は、三つある。

まず第一に、「畿内」は八世紀の大宝律令《たいほうりつりよう》では大倭（大和）、河内《かわち》、摂津《せつつ》、山背《やましろ》（山城）の四つの国を指し、八世紀半ばに和泉《いずみ》を加えて五カ国になった。問題は「畿内」の西のはずれで、大化改新《たいかのかいしん》の詔《みことのり》に、「西は赤石《あかし》の櫛淵《くしふち》」とあり、これは明石海峡の周辺を指している。ヤマト政権にとって、明石海峡の内側が「安心できる故郷」なのであり、万葉《まんよう》歌人たちも、海外や西国から帰郷する時、明石海峡を越えたところで、「故郷に帰ってきた」と、喜んでいる。

それだけではない。重大な罪を犯した貴種《きしゅ》たちは、淡路島に流される例が多かった。それはなぜかと言えば、淡路島がヤマト政権からみて、畿外《きがい》であり、あちら側の世界という認識があったのだろう。

淡路島がヤマトに従属していなかったと考える理由の二番目に、「銅鐸」がある。

平成二十七年（二〇一五）四月、南あわじ市の石材加工工場の砂置き場で、たまたま銅鐸がみつかった。松帆《まつほ》銅鐸と名付けられた国宝級の遺物だった。付着物から、紀元前四～同二世紀のものとわかった。古く小振り（のち一メートルを超す化け物銅鐸と比べると、という意味）の鳴るタイプの銅鐸で、七つみつかった。銅鐸を鳴らす棒（舌《ぜつ》）も六つみつかっている。これはとても珍しいことなのだった。また、全国でも十一例しか確認されていない最古のスタイルである「菱環鈕式《りょうかんちゅうしき》」の銅鐸がひとつ発見された。

ここで強調しておきたいのは、これらの銅鐸の内ふたつが、出雲の銅鐸と同笵《どうはん》だった（同じ鋳型《いがた》で作られた兄弟銅鐸）。播磨からも出雲と同じ鋳型から作られた銅鐸がみつかっている。出雲→播磨→淡路島は、一本のラインでつながっていたのだろう。弥生時代後期、北部九州は出雲と強く結ばれ、出雲は播磨に進出し、その上で淡路島に鉄の原料を送り込んだ可能性は非常に高い。なぜ淡路島に鉄をもたらしたのかと言えば、明石海峡をヤマトに渡したくなかったからだろう。

明石海峡争奪戦が勃発していた

もうひとつ無視できないのは、淡路島の対岸から明石海峡を見下ろし、淡路島を威圧するかのように造られた五色塚古墳《ごしきづか》（兵庫県神戸市垂水区《たるみ》）だ。古墳時代前期後半（四世紀後半から五世紀初頭）の前方後円墳だ。全長一九四メートルで、三段の墳丘と周濠《しゅうごう》を備えている。断崖上の丘の上に造られたため、展望がすばらしい。おそらく、完成当時は葺石《ふきいし》がキラキラと輝き、明石海峡を行き交う船を驚かせたことだろう。対岸の淡路島からもよく見えたはずだ。

興味深いのは、後方部がまっすぐ淡路島を向いていることだ。また、淡路島に巨大墳墓がないことも無視できない。前方後円墳はヤマト政権連合体加盟の証《あかし》であったが、ヤマト政権は淡路島の勢力に造営を許さず、五色塚古墳が威圧していた可能性が高い。

淡路島は瀬戸内海のど真ん中に居座り、交通の要衝に位置したから、繁栄を誇ってもおかしくはない。しかし、富を蓄えた豪族（有力者）は現れなかった。理由ははっきりしていると思う。明石海峡を重視するヤマト政権にすれば、淡路島が栄えてはならなかったのだ。ここに強い豪族が現れ、明石海峡の通行を妨害すれば、政権の土台を揺るがしかねない。

そこで、弥生時代後期の状況を思い返してみよう。淡路島に巨大な鉄器工房が造られていたことがわかり、邪馬台国畿内論者は、ヤマト周辺にも鉄器はやってきていたと小躍りしているが、この時代の淡路島はヤマトの勢力圏にあったわけではないだろう。それを明らかにしているのが、淡路から播磨を経由して出雲につながる「銅鐸の道」だ。

それだけではない。播磨には出雲の土器が流れ込んでいる。この後、出雲神とタニハのアメノヒボコが播磨で争ったと『播磨国風土記』は語り継いだ。通説はこの話を「創作」「神話」の類《たぐい》、あるいは「時代が食い違っている」と思っているのだろう。ほとんど無視されているが、地政学的に見て、タニハと出雲の激突の場所が播磨だったことは、むしろ必然であった。

出雲は北部九州と強く結ばれていたのだから、北部九州から淡路島に通じる強力な意志が貫かれていたと思う。播磨では、出雲だけではなく、北部九州からもたらされた遺物もみつかっている。すなわち、北部九州と出雲の連合は、明石海峡を封鎖するために、淡路島を抱きかかえ、そのために鉄を流した、ということである。『日本書紀』のイザナキ・イザナミ神話の中で、日本列島は、まず淡路島の誕生から始まる。それは、淡路島が神々しい島だからということではなく、ヤマト建国のためにまず奪わなければならないのは明石海峡であり、そのためには播磨と淡路島を制圧する必要があったからだろうと察しがつく。

さらに付け足せば、出雲神と戦ったアメノヒボコが、第十代崇神天皇を慕ってヤマトにやってきたという「時代設定」にも、大きな意味が隠されていると思う。つまりそれはヤマト建国の黎明期（あるいは混沌《こんとん》の時代）のことであり、アメノヒボコが播磨で出雲神をあわてさせ、タニハに拠点を構えていた事実を、軽視することはできない。これから説明していくように、タニハはここからヤマト建国のきっかけをつくっていくからだ。

播磨と淡路島を深掘りしたのは、ヤマト建国前後の争乱の意味を知りたかったからで、ヤマト建国が明らかになれば、邪馬台国の謎も自然に解けてくると信じているからだ。

これまで、「邪馬台国が解ければ自ずとヤマト建国も解ける」と語られてきたが、この発想そのものが間違っている。考古学は、すでにヤマト建国のいきさつをほぼ解明してしまった。だからまず、ヤマト建国の真相を明示しておく必要がある。

門脇禎二《かどわきていじ》の「丹後（波）王国論」

ヤマト建国の考古学が進展してみると、タニハと東海＋近江に、関心を示さずにはいられなくなる。

纏向に人々が集まってくる直前のことだ。北部九州＋出雲連合は、鉄器の保有量で優位性を保ち、日本海側に並び立つライバルとなったタニハを圧迫するようになった。これに対しタニハは四隅突出型墳丘墓を拒絶した。すると出雲は、タニハを挟み撃ちにするように、越（越前《えちぜん》・越中《えっちゅう》）に四隅突出型墳丘墓を伝えている。タニハも黙っていなくって、越後《えちご》との間に交流を持っている。日本海をたすき掛けにした遠交近攻戦が展開されていたのだ。

タニハは出雲の攻勢を受けて、策をめぐらせたようだ。ただ、その話をする前に、これまで「タニハ」の活躍があまりにも知られていなかったから、少し、タニハの歴史について、触れておきたい。

タニハ周辺の歴史と言えば、門脇禎二の立ち上げた「丹後（波）王国論」に触れておかなければならない。

門脇禎二は、『日本書紀』や『古事記』の記事から、丹後の首長の男系タテ系図を復原した。竹野川《たかのがわ》、川上谷川《かわかみだにがわ》、野田川《のだがわ》の水系に拠点を構えたそれぞれの首長たちだ。

弥生時代前期末に方形台状墓《ほうけいだいじょうぼ》が峰山町《みねやまちょう》の七《なな》尾《お》遺跡に生まれて、系統だって発展し、古墳時代の前方後円墳に引き継がれていった点に着目したのだ。

また、「王国」や「地域国家」の条件を三つあげた。①地域独自の王とその支配体制。②一定の政治領域。③独自の支配イデオロギー。その上で、丹後をこの条件に当てはめると、すべて揃《そろ》っていることから、四世紀末頃から五世紀にかけて、丹

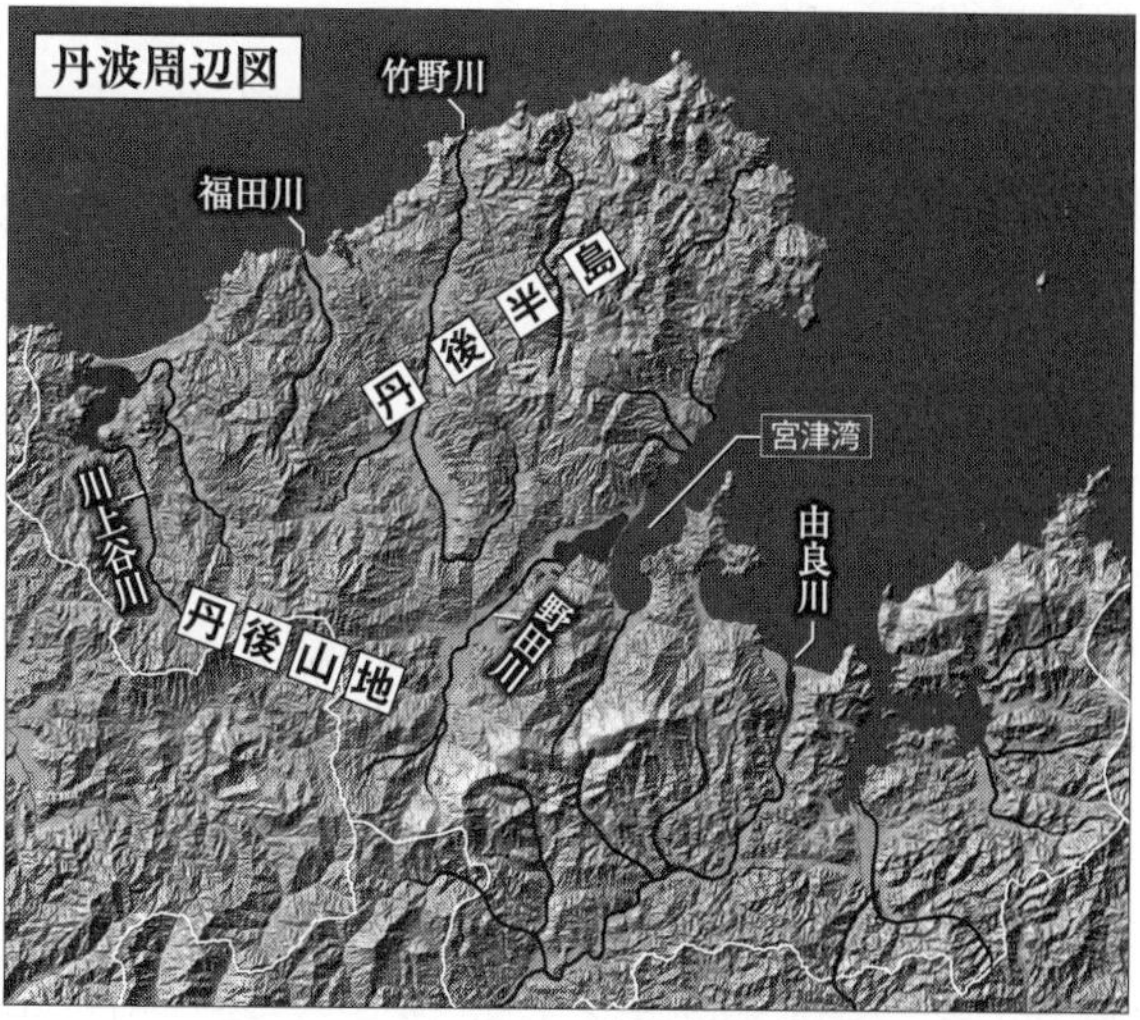

（国土地理院：陰影起伏図を加工して作成）

波王国が存在したと主張したのである（『日本海域の古代史』東京大学出版会）。

その上で、『日本書紀』の崇神天皇と垂仁天皇（第十代とその子）にタニハの記事が出てくるが、必ず出雲がからんでくることに注目した。当然のことながら、この時代の丹波をめぐる記事を考える時、ヤマト朝廷と出雲古代史の展開を念頭におかなければならないと指摘する。その上で、次のふたつの記事に注目している。

まず、崇神六十年秋七月条に、出雲臣の祖神が天から将来した神《かむ》宝《たから》が出雲大神宮《いずものおおかみのみや》の蔵に収まっていて、崇神天皇はそれを見たいとおっしゃった（じつは祭祀権の剝奪《はくだつ》を意味している）。そこで物部系の武諸隅《たけもろすみ》が遣わされ、お宝を手に入れた。

出雲では、この事件をめぐって内紛が起きたのだ。崇神天皇は吉備津彦《きびつひこ》たちを遣わし成敗し、出雲臣は神を祀ることをやめてしまった。すると丹波の氷上の人が、「私の子供が奇妙なこと言い出しました」と報告した。難解な言葉だったが、神の言葉に違いないと大騒ぎになり、出雲臣に再び出雲大神を祀らせるようになった……。

もうひとつの話は、垂仁八十七年春二月五日条だ。石上神宮《いそのかみのかむみや》（天理市の物部系の神社）に納められていた神宝を、物部十千根大連《もののべのとおちねのおおむらじ》に授けたという話があり、そのあと、「その昔、丹波国の桑田村《くわたのむら》（京都府亀岡市東部）に甕襲《みかそ》という人がいた。飼っている犬が山の獣を食いちぎると、お腹《なか》から八尺瓊勾玉《やさかにのまがたま》が出てきたので献上した。この玉は今、石上神宮にある」

と言うのである。

なぜ出雲とヤマト政権が関わるふたつの記事なのに、どちらにもタニハがからんできたのだろう。門脇禎二は、ヤマト政権が出雲を成敗する時、丹波や但馬を陸路で通るだろうから、出雲を制圧するには、まずタニハをおさえなければならなかったと指摘した（前掲書）。

しかし、すでに触れたように、地形図を見れば一目瞭然で、出雲を攻めるためにタニハから海岸線を陸路で西に向かうのは、現実的ではない。出雲を陸路で攻めるなら、播磨から北西に向かうだろう。この点、門脇禎二の仮説を、そのまま信じるわけにはいかないし、出雲とタニハの関係は、もっと複雑なのである。

纏向出現直前の近江に誕生した巨大集落

考古学は、タニハが北部九州＋出雲連合に対抗していたことを明らかにした。それがなぜ可能だったかと言うと、ひとつの理由は、すでに触れたように、タニハから西側の海岸線がリアス式で、内陸部も起伏が激しく、通行は船に委《ゆだ》ねられていたであろうこと、タニハの西の海の玄関口である但馬（豊岡市）を北から南に流れ下る円山川《まるやまがわ》の河口部の両岸が断崖で、川幅も狭く、上流部に至ってようやく平らな土地が現れる、奇妙な地形だった。要は海から攻められても安全だったことにある。海の民《たみ》にとって、タニハの西のはずれに、鉄壁の海人の要塞が存在したのだ。

そして、タニハは北部九州を経由することなく、直接朝鮮半島と交易を行なっていたと思われる。新羅王子＝アメノヒボコが但馬に拠点を造ったという話も、ここで大きな意味を持ってくるのだ。

タニハはここで策を練ったようだ。すなわち、鉄器の過疎地帯だった内陸部と交流を盛んにし、流通圏を構築している（考古学的に確かめられていることだ）。この結果、特に、近江と東海は急速に発展していった。

近江には巨大な伊勢《いせ》遺跡（滋賀県守山《もりやま》市）が出現していた。東西約七〇〇メートル、南北約四五〇メートル。約三〇ヘクタールの楕円形で、佐賀県の吉野ヶ里遺跡（佐賀県神埼郡吉野ヶ里町と神埼市）や奈良県の唐古《からこ》・鍵《かぎ》遺跡と並ぶ、弥生時代の最大級の遺跡だ。もっとも栄えたのは弥生時代後期の倭国大乱の時代（二世紀後半）で、纏向遺跡が出現した頃、衰退してしまう。

大型掘立柱《ほったてばしら》建物が一三棟みつかっていて、そのうちの七棟は、集落の中心をなす直径約二二〇メートルの円状に中心に向いて配置されている。本来は三〇棟存在

伊勢遺跡の大型建物跡。長方形で外側に独立棟持柱があり、屋内中心部に棟持柱（心柱）がある。（写真提供：守山市教育委員会）

していたと推察され、中心部に三間×三間の楼観が屹立《きつりつ》していた。円形に立てられた祭殿群と考えられている。

この円周状建物群の外側には、床面積が一八五平方メートルの大型竪穴建物がみつかっているが、壁には日本最古のレンガ（塼《せん》。四〇センチメートル×三〇センチメートル×厚さ八センチメートル）が張り巡らされていたこともわかった。

さらに、堀（柵）で仕切られた方形区画に大型の掘立柱建物一棟（弥生時代の建物としては群を抜いた大きさ。八八平方メートル）と、独立棟持柱《むねもちばしら》建物三棟が並んでいた。これらは王の居館だった可能性が高い。この独立棟持柱は、伊勢神宮の構造と共通していて、「神明造《しんめいづくり》」のルーツではないかと考えられるようにもなった（宮本長二郎『瑞垣』神宮司庁）。

纒向遺跡に人々が集まってくる直前に、近江に富が集中し、巨大集落が完成していた事実を見逃すことはできない。

タニハが描いた対「北部九州＋出雲」戦略

近江は、前方後方墳《こうほうふん》（前方後円墳ではなく、前と後ろ両方が四角）を編みだしていく。東海地方（伊勢湾沿岸部）もこの先進の埋葬文化を受け入れていったようだ。

この仮説を提出したのは植田文雄《うえだふみお》だ。

植田文雄は、纒向、近江、東海の土器編年を見直し、前方後方墳が弥生時代後期の近江で生まれたと推理した。丹後半島周辺の大型方形墓の影響を受けていて、これが前方後方墳に発展したと考えた。しかも、前方後円墳が各地に伝播《でんぱ》するよりも早く、前方後方墳は東国を中心に、各地で採用されていったと指摘している（佐賀県の吉野ヶ里遺跡にも前方後方墳が伝わっている）。

弥生時代末期頃の首長墓の墳形

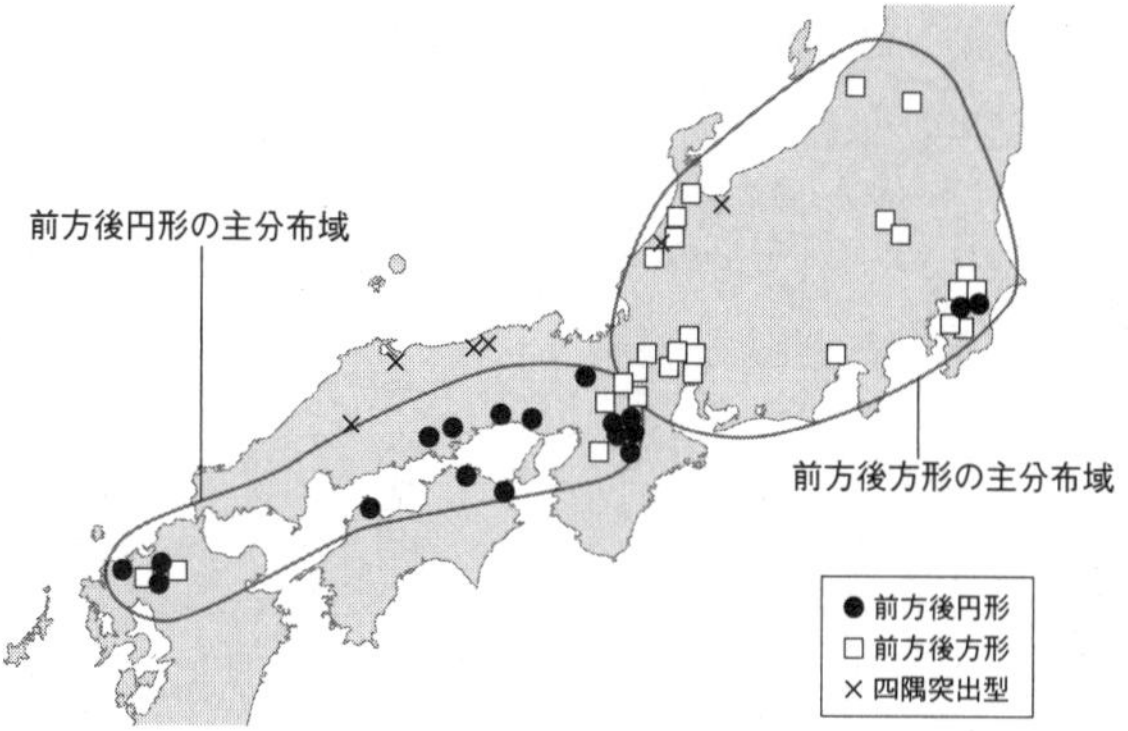

(『邪馬台国』平野邦雄編(吉川弘文館)を元に作成)

初期の段階で、ヤマトと四国の一部をのぞく各地の首長が、前方後方墳を採り入れていたと言う。また、東国で前方後円墳が受け入れられていくのは、四世紀後半以降だと言う(『「前方後方墳」出現社会の研究』学生社)。

なぜ、近江や東海地方で、巨大な遺跡が出現し、前方後方墳が出現したのだろう。

しかも、画期的で巨大で新たな埋葬施設は、なぜ、あっという間に各地に伝わっていったのだろう。

植田文雄は、弥生時代後期後半に、北近畿(タニハ)から鉄器が集中的に出土していること、北近畿の鉄やガラス玉などが内陸部に流通する時、起点となったのが近江だったと指摘した。日本海から琵《び》琶湖《わこ》に抜けて、船で重い荷物を運んだのだろう。この段階で、ヤマトは流通の中心には立っていない。

なぜ琵琶湖周辺に、タニハは肩入れしたのだろう。なぜ、ヤマトはこの時点で、発展していないのだろう。それでいてなぜ、三世紀初頭、あっという間に纏向遺跡に人々が集まり、ヤマト建国の土台作りが始まったのだろう。ここに、大きな謎が横たわる。

纏向遺跡が出現するまで、ヤマトは鉄器の過疎地帯でもあった。それまで、ヤマトの人々は周辺の発展をぼんやり眺めていただけなのか?

やはり、タニハと近江と東海の連携は気になる。

三世紀の纏向遺跡に集まってきた外来系の土器の約半数が東海系と近江系で占められていたのは、タニハが北部九州+出雲連合の鼻を明かすために「東」の成長を促し、ヤマトに進出させることによって、出雲や吉備をあわてさせるためだったということなのか。

その上で、タニハが描いた戦略の最後の決め手は、播磨に対する圧迫であり、明石海峡の制海権を確立したことにあったのではないか。

播磨北部から全域に山陰系土器が影響を与えていたのに、纒向遺跡が出現したあと、ヤマトの庄内式土器が流れ込んでいたことは、「ヤマトが播磨を従わせた」ことを暗示している。

播磨と明石海峡が落ちれば、吉備が震《ふる》え上がる。吉備が纒向に参加すれば、出雲も折れる……。

事実、出雲と吉備も、纒向遺跡にやってきて、ヤマト建国に参画している。各地の文物や埋葬文化が纒向に集められ、新たな体制が組まれていった。

ちなみに、前方後円墳の葺石は出雲の四隅突出型墳丘墓の貼石《はりいし》から、墳墓の上に並べる特殊器台形土器は吉備からもたらされたと考えられている。

この、タニハと近江、東海の関係、さらには播磨と出雲と吉備とのやりとりがわかってきたところで、いよいよヤマト建国と邪馬台国の謎解きをしたいが、次に注目しておきたいのは、北部九州沿岸部の動向なのだ。

弥生時代後期の日本列島の最先端地域で何が起きていたのか、本当にヤマトを封じこめようとしていたのか、改めて確かめておきたいのである。

第三章　歴史的事実が指し示す北部九州の真相

「魏志倭人伝《ぎしわじんでん》」の記事と合致しないヤマト建国の考古学

考古学が示す弥生《やよい》時代後期（ヤマト建国直前）の様子をふり返ってきたが、どうにも腑《ふ》に落ちない。それは、「魏志倭人伝」の証言とヤマト建国の考古学が、ぴったりと合致しないことなのだ（ここまでタニハや纏向《まきむく》遺跡、近江《おうみ》、東海、播磨《はりま》にこだわってきたのは、この「腑に落ちない」が言いたかったからなのだ）。

繰り返しになるが、「魏志倭人伝」によれば、二世紀後半、いわゆる倭国大乱《わこくたいらん》の頃、倭国は男王が立っていたが争乱が続いたため、女王・卑弥呼《ひみこ》を立てることによって、平安を取り戻したという。

もし仮に、今優勢に立っている邪馬台国畿内説《やまたいこくきない》を受け入れるならば、ヤマトの纏向遺跡が卑弥呼の都ということになる。しかし考古学者は、二世紀後半のヤマト周辺で争乱は起きていなかったと言っている。

しかし、争乱の痕跡がないにもかかわらず、静かに着実に、ヤマト建国の算段がつき始めていたようなのだ。

タニハは北部九州・出雲《いずも》連合の圧迫を受けて、挟《はさ》み撃《う》ちにされていた。しかし、タニハは遠交近攻策を採り、出雲の圧力をうまくかわしている。越後《えちご》地方と手を組み、出雲＋越《こし》（越前《えちぜん》・越中《えっちゅう》）連合を挟み撃ちにしてみせて膠着《こうちゃく》状態を作ったのだ。一方で、タニハは近江の琵琶湖《びわこ》を経由して内陸部と交易を始め、味方を作り始めた。そして、成長した彼らに、「ヤマトの盆地に進出すれば、これまでとは形勢は大きく変わる」と、「そそのかした」と思われる。あるいは、「仕向けた」のであろう。東海と近江の勢力は、奈良盆地の東南の隅に、拠点を構える。三世紀初頭のことだ。

すると、策は的中し、タニハが播磨に圧力をかけたこともあり、あわてた吉備《きび》と出雲が、ヤマト建国に参加してきたのだ。このいきさつは、「魏志倭人伝」が記録した「(二世紀半ばから後半にかけて)男王が統治していたが、国中服さず、やむなく女王を立てた」という例の一節と、うまく合致しない。しかも、まだ纏向に人は集まっていない。つまり、考古学的事実を見れば、倭人伝にある卑弥呼擁立がヤマトで起きていた事件とは思えないのである。

ならば、北部九州では、これに当てはまる事件は起きていたのだろうか。本来ならば鉄器の過疎《かそ》地帯だった近畿《きんき》地方が、国の中心になろうとしていた時、北部九州の首長《しゅちょう》たちは、手をこまねいて見ていただけなのだろうか。北部九州では、「魏志倭人伝」にあるような、二世紀後半の混乱の歴史はなかったのだろうか。

そこで、今度は視点を同じ時代の北部九州に移してみよう。

大陸では黄巾《こうきん》の乱（一八四）が勃発《ぼっぱつ》し、後漢《ごかん》王朝は一気に衰退する。後漢を後ろ盾に繁栄を誇っていた奴国《なこく》も同様に衰退している。東アジアが混乱を始める中、北部九州も動揺していたようだ。その時、実際には何が起きていたのだろう。奴国と西隣の伊都国《いとこく》が、この時代の大きな謎《なぞ》への鍵《かぎ》を握っている。

中国の文献に登場する倭と奴国と伊都国

まずここで、「倭」が、中国からどのように見られていたのか、おさらいしておこう。

倭人に関する最古の記録は、先秦《せんしん》時代の情報を多く含んだ漢代初期の『山海経《せんがいきょう》』海内北経《かいだいほくけい》で、そこには、

「蓋国《がいこく》は強大なる燕《えん》の南、倭の北に在《あ》り。倭は燕に属す」
とある。強大な燕（春秋戦国時代《しゅんじゅうせんごく》の燕）の南に蓋国があり、その南に倭があり、燕（朝鮮半島にも進出していた）に属していたと言う。また冒頭の「蓋国」は、朝鮮半島にも進出していた濊《わい》を指しているようだ。ただし、現実に倭が当時の燕に「従属」していたかどうかは、はっきりとはわかっていない。中国側には、濊の南に倭があるという漠然とした地理観があったにすぎないとも言えそうだ。

ただし、前漢《ぜんかん》になると、変化があった。

『漢書《かんじょ》』地理志燕地条《ちりしえんちじょう》の地理志の後半、全国を一三に分けて風俗などを記録した中に、燕地条の楽浪《らくろう》の風俗記事のあとに、次の記事が載る。「楽浪」は、紀元前一〇八年に前漢の武帝《ぶてい》が朝鮮半島に設置した郡を指している。

「楽浪の海中に倭人有り、分かれて一〇〇余《よ》国を為《な》し、歳時《さいじ》を以て献見すと云《い》う」

一世紀末に『漢書』は成立したから、倭人記事は、一世紀後半の中国側の倭人に関する情報が記されたと考えられている。

『後漢書《ごかんじょ》』倭伝に、次の記事が載る。

倭は韓《かん》の東南海中にあり、倭人は山の多い島に集落を作って暮らしている。全部で一〇〇国あまりある。前漢の武帝が衛氏《えいし》朝鮮を滅ぼしたあと、漢に通訳と使者を派遣してきたのは、その中の三〇の国だ。それらの首長は、「王」を名乗っている。王は世襲《せしゅう》され、大倭王は、邪馬台国に住む。

その上で、『後漢書』光武帝紀建武中元《こうぶていきけんむちゅうげん》二年（五七）条《じょう》に、

「東夷《とうい》の倭の奴国王、使いを遣《つか》わして奉献《ほうけん》す」

とあり、同書東夷列伝倭条《とういれつでんわじょう》（倭伝）にも

「倭の奴国、奉貢朝賀《ほうこうちょうが》す。使人自ら大夫《たいふ》と称《とな》う。倭国の極南界なり。光武、賜《たま》うに印綬《いんじゅ》を以《もっ》てす」

とある。倭人が初めて後漢の洛陽《らくよう》（都）に到達した記録でもある。

この時代、後漢が楽浪郡周辺の混乱を鎮《しず》めたちょうどその機を見はからって、奴国王が外交戦を展開したわけだ。後漢の光武帝のもとに、使者を送ってきて貢物をささげた。使者は大夫を自称した。倭の奴国は倭国の一番南の地である。光武帝は倭の奴国の王に、印章と下げ紐を賜《たまわ》った。この印章こそ、志賀島《しかのしま》（福岡市）でみつ

かった金印《きんいん》とされている。

この記事から、一世紀の日本を代表する国が、奴国だったことがわかる。ただし、すぐ西隣の伊都国も発展していて、この時代すでに、勢いは逆転していたのではないかとする説もある。

問題は、纏向に人々が集まっていった三世紀前半、近畿地方や山陰の人々が、奴国になだれ込んでいたこと、しばらくして奴国は壊滅的なダメージを受け、滅亡したのではないかと疑われていることなのだ。

奴国と伊都国の対立と漁夫《ぎょふ》の利《り》を得た邪馬台国？

奴国と伊都国は、弥生時代後期のある時期から、ライバル関係になってしまったようだ。「魏志倭人伝」の記事を読んでも、「何かある」と感じる。奴国の記事がなおざりにされている。伊都国は一〇〇〇余戸、奴国は二万余戸と、人口はほぼ二〇倍だが、奴国の記事が極端に少ない。後漢にも認められた国なのに、これは、とても不自然なことなのだ。

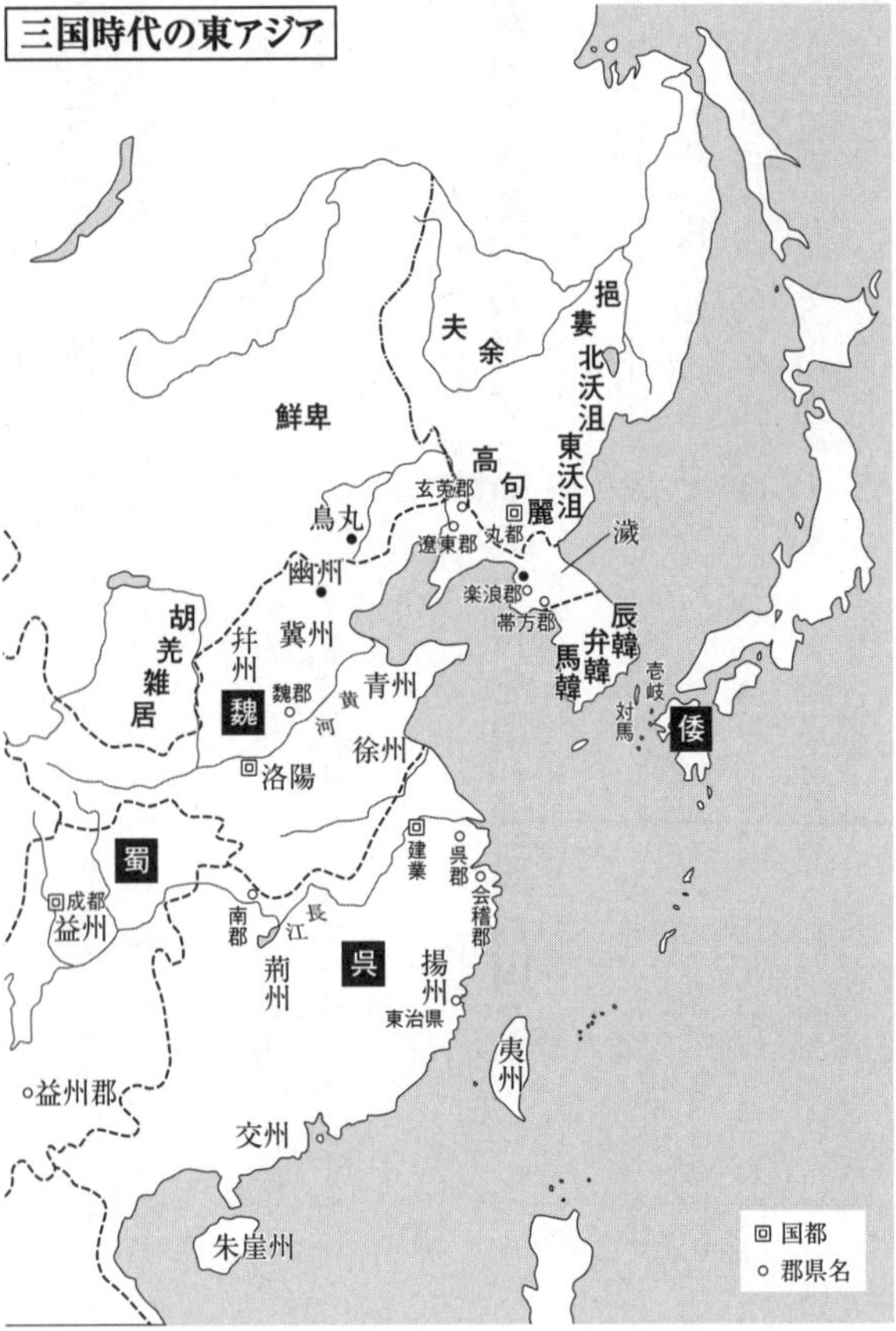

（『倭人伝を読みなおす』森浩一（ちくま新書）を元に作成）

また、奴国と伊都国は、倭の玄関口で、交易で大いに栄えていたはずなのに、倭の中心ではなかった。邪馬台国は伊都国に一大率《いちだいそつ》（派遣官）を置いていたと言う。もし仮に邪馬台国がヤマトではなく北部九州のどこかとすると、富み栄えた奴国や伊都国が国の中心にならなかったのはなぜか、という疑念が頭をよぎる。少なくとも、後漢から金印をもらい受けた頃の奴国は、それこそ倭を代表していただろう。ならば、この時代、何が起きていたのか。

じつは、沿岸部の二大巨頭が主導権争いをしている間に、漁夫の利を得たのが内陸部の筑後川《ちくごがわ》流域の勢力であり、しかも、それが邪馬台国だったのではないかとする説がある。この仮説は、かねてより提出されてきたものだ。

たとえば三王朝交替説を唱えたことで知られる水野祐《みずのゆう》は、倭の奴国が貿易通商の利を独占したのに対して、筑後川流域の農業国が団結して、二世紀半ばに奴国を圧倒してしまったと推理した（『日本古代国家』紀伊國屋新書）。

安本美典《やすもとびてん》は、倭国大乱を奴国と内陸部の邪馬台国の争いだったと推理している。

安本美典は、次のポイントを掲げる。要約してみよう。

（1）邪馬台国の時代は「弥生時代」に含めるべきか「古墳《こふん》時代」なのか、議論が錯綜《さくそう》しているが、弥生時代後期に該当すると同時に、時代区分を新しく設定するよう検討するべきだと言う。奴国を倭の盟主とする頃は「弥生甕棺《かめかん》文化の時代」で、福岡平野と北九州沿岸地域が北部九州の中心勢力だった。しかしこのあと、内陸部筑後川流域の邪馬台国が盟主となった。

（2）後漢を後ろ盾にしていた奴国は、新興勢力の魏を味方につけた邪馬台国に滅ぼされた。その証拠に、福岡平野周辺では、弥生時代後期に甕棺墓が激減し、墓そのものも減っている。

（3）邪馬台国畿内論者は奈良県の纏向遺跡（桜井《さくらい》市）は三世紀の遺跡とするが、土器編年から考えて、四世紀以後だろう。

（4）奴国と邪馬台国の争いは、「魏志倭人伝」の言うところの「倭国大乱」そのもの。

（『奴国の滅亡　邪馬台国に滅ぼされた金印国家』毎日新聞社）

ここで無視できないのは、福岡平野の謎に、「この一帯の墓が、急速に減っていった」というものがある。前漢の時代から繁栄を誇っていた福岡平野とその近隣地域が、邪馬台国誕生の前後に衰退してしまうのだ。

そこで、かつては、彼らは東に移っていったのではないかとする説もあったが、遺跡が福岡平野から筑後川流域に移っていった事実を、安本美典は重視して、福岡平野の政治勢力（奴国）は筑後川勢力（邪馬台国）に滅ぼされ、中心が南側に移ったと推理している。また、江戸時代に志賀島（福岡市）で土の中から偶然みつかった金印も、この奴国の滅亡と大いに関わりがあるとする説が根強い（志賀島の金印は大切な物証なので、次章で再び触《ふ》れる）。

「青銅器《せいどうき》の形の変遷」は邪馬台国の謎を解《と》く

ところで、安本美典は奴国と伊都国と邪馬台国の関係を探るために、「青銅器」に注目している。内陸部の邪馬台国が勃興《ぼっこう》した様子がみてとれるという。

弥生時代の青銅器の流行《はや》り廃《すた》りも、邪馬台国の謎を解く上で、重要な意味を持ってくる。

「青銅器」は弥生時代の文明の利器で、道具だったが、威信財《いしんざい》として日本で独自の発展を遂げ、いくつもの文化圏を形成していったのだ。腐らずに残ったから、貴重な物証と言えるのだ。

九州は銅剣《どうけん》、銅矛《どうほこ》、銅戈《どうか》の文化圏に属していたが、細形《ほそがた》・中細形《ちゅうぼそがた》（紀元前一〇〇から一〇〇年）、中広形《ちゅうびろがた》（一〇〇～一五〇年）、広形《ひろがた》（一五〇～二〇〇年）と、時代が新しくなるにつれ大きくなっていった。問題は、北部九州で青銅器の分布域が微妙に変化していることで、細形・中細形の銅剣・銅矛・銅戈は唐津《からつ》市、福岡市の玄界《げんかい》灘《なだ》沿岸部に集中している。奴国がもっとも栄えていた時代のことだ。また、この時代の出雲も、細形・中細形の銅剣を大量に保有していたことは、荒神谷《こうじんだに》遺跡（島根県出雲市斐川町《ひかわちょう》）の発見で明らかになっている。

次に、中広形の銅剣・銅矛・銅戈は、細形・中細形青銅器の密集地帯から移った場所に集まっている。それが福岡市からやや内陸に入り込んだ春日《かすが》市や筑後平野で、宇佐《うさ》市にも密集地帯が生まれた。ならば、広形はどうか。広形の銅剣・銅矛・銅戈の分布は、中広形の銅剣・銅矛・銅戈の場合とよく似ていて、文化圏は継続されている。

「広形銅矛」は他の地域にも広がっていった。たとえば、四国の北部に集中している。最後の段階の銅矛＝広形銅矛の密集地帯は対馬《つしま》で、とくに西海岸（浅茅《あそう》湾の周辺）で大量にみつかっている。ただし、鋳型《いがた》はみつかっていない。どうやら奴国から大量にもたらされていたようだ。対馬では、邪馬台国の時代に入っても活用され、墓にも埋納されていた。神社に収蔵され今に伝わってもいる。

北部九州の広形銅矛は、二世紀頃に忘れ去られたようだ。邪馬台国の時代になると、矛、剣、戈は銅から鉄に取って代わられ、武器として使われていたと考えられている。

元々は、道具だった青銅器が、日本にもたらされて、次第に巨大化し、祭器になっていったと考えられているが、安本美典は各地から青銅器が消えていったことに関して、青銅器の文明が鉄の文明に駆逐《くちく》され、滅ぼされたと推理している。その理由に、青銅器（祭器）が人目に付かない谷間や斜面から出土し、墓からは滅多に出てこないことを注視している。青銅器はしばしば破壊されているのである。

その上で、邪馬台国の時代の鉄矛・鉄剣・鉄刀・鉄戈の多くは、筑後川流域の朝《あさ》倉《くら》地方から筑紫《つくし》（筑後）平野にかけての北九州内陸部に分布していること、ここが、奴国を滅ぼした邪馬台国のあった場所だと推理したのだった（前掲書）。

安本美典の学説をここで取り上げたのは、奴国の歴史を明確にしておきたかったからなのだ。

神武《じんむ》天皇の母と祖母は海神の娘で、その海神を祀《まつ》っていたのが奴国と関わりの深い（おそらく奴国王だった）阿曇《あずみ》氏であり、ヤマトの王家の成り立ちと奴国に、大きなつながりが想定できること、しかし、これまでの常識を当てはめてみても、その謎を解くことはできないのだから、改めて、奴国の歴史を再現してみたくなったのだ。

奴国の謎は、いくつもある。たとえば「魏志倭人伝」は、伊都国を重視して奴国をほぼ無視している。ところが考古学は、ヤマト建国の直前（纏向に人々が集まってきたあと）、奴国にヤマトや山陰の勢力がなだれ込んでいたことを示し、さらに、その前後、奴国が衰退していたことを明らかにしている。とすれば、やはり奴国はヤマト建国を考える上で、さらに邪馬台国の真相を知るためにも、鍵になってくることは間違いない。

安本美典は、筑後川流域の邪馬台国勢が奴国を滅ぼしたと言うが、奴国に東側から人々が集まってきていた事実を蔑《ないがし》ろにしているところが欠点ではなかろうか。

なぜ『日本書紀《にほんしょき》』は奴国を無視したのか

奴国をもっと探っていこう。

くどいようだが、纏向に人々が集まる直前まで、日本列島の最先端地域と言えば、北部九州の沿岸部と、筑後川流域（筑紫平野）だった。

一帯は、早い段階で稲作を始めた地域でもある。後の奴国の領域にある板付《いたづけ》遺跡で日本最古級の水田跡がみつかっている。また、「国」ができあがったのは、弥生時代中期後半と考えられている。奴国のみならず、対馬国、壱岐国《いきこく》、末盧国《まつらこく》、伊都国も、ほぼ同時に生まれていたようだ。

弥生時代中期後半から末にかけて、現在の春日市岡本《おかもと》に、奴国王墓が築かれた（須玖岡本《すぐおかもと》遺跡）。ここに三〇枚ほどの前漢鏡や銅剣・銅矛・銅戈やガラスの璧《へき》、勾玉《まがたま》が埋納されていた。そして、「魏志倭人伝」の時代に移り、やはり繁栄を続けていく。

奴国が広大なネットワークを張り巡らせていたのではないかとする説は、いくつもある。たとえば相見英咲《そうみえいさく》は、「魏志倭人伝」に登場する「奴」の字をあてがわれた国が、異常に多いことに注目している。

①奴国、②弥奴国《みなこく》、③姐奴国《しやなこく》、④蘇奴国《さなこく》、⑤華奴蘇奴国《げなさなこく》、⑥鬼奴国《きなこく》、⑦烏奴国《おなこく》、⑧□奴国（□は欠の可能性もあるということ）、⑨狗奴国《くなこく》

これらは、「女王の国（邪馬台国）から遠く離れていて、詳しく知ることはできないが、国名を挙げておく」、と記録されている地域だ。

邪馬台国の卑弥呼の時代の倭国の主要構成国は三〇で、そのうち九つの国が「〜奴国」になっていた。相見英咲は、「この点に気づいていないのは遺憾《いかん》なこと」と言い、九つの奴国は、「奴国の兄弟国、アヅミ氏族が開いた国、アヅミ氏の九州奴国と同祖の国」といい、朝鮮半島最南端の「任那《みまな》」の「ナ」も、本来は「奴国」の「ナ」で、奴国ネットワークに組み入れられたのではないかと指摘している（『倭国の謎』講談社選書メチエ）。

ただし相見英咲は、狗奴国を濃尾《のうび》平野の国と考えていて、この点は同意しかねる。

ところで奴国は、弥生時代の倭国をリードした地域だったことは間違いないが、『日本書紀』は、奴国に関心を示していない。天孫降臨《てんそんこうりん》と神武東征説話《とうせいせつわ》の中で、なぜかこの一帯を無視してしまっている。

ヤマト建国に至る神話は、天上界と出雲と日向《ひむか》（南部九州）に集約され、日向を出立した神武天皇は、瀬戸内海《せとないかい》を東に進み、紀伊《きい》半島に迂回《うかい》してヤマトに入るが、途中、菟狭国《うさのくに》（大分県宇佐市）と筑紫国の岡水門《おかのみなと》（福岡県遠賀《おんが》郡の遠賀川の河口）に立ち寄るも、奴国や伊都国の領域をスルーしている。これは、不思議なことだ。

一般に、『日本書紀』が編纂《へんさん》された当時、三世紀の歴史はよくわかっていなかったのだろうと考えられていて、また、邪馬台国北部九州論者の中には、神武天皇は実際には北部九州で暮らしていたのに、天皇家の歴史を古く遠くに見せるために、わざと南部九州を天孫降臨の舞台に選んだのではないかとする説もある。あるいは、神武天皇は実在しなかったとする説も根強い。

しかしそれならば、なぜ神武天皇の母と祖母を、海神の娘だったと神話で描いてみせたのだろう。このあと説明するように、これらは、奴国の阿曇氏の話なのに、「奴国」や「阿曇」を神話で明記していないのは、不思議なことなのだ。

古代日本を代表する海人《あま》族・阿曇氏

ここで注目しておきたいのは、古代を代表する阿曇氏のことだ。奴国出身の豪族《ごうぞく》に日本を代表する海人族・阿曇（安曇）氏（連《むらじ》）がいる。神代《かみのよの》上《かみのまき》第五段一書第六の諸々の海神が生まれる場面で、底《そこ》津《つ》少童命《わたつみのみこと》、中《なか》津《つ》少童命、表《うわ》津《つ》少童命が登場し、「是阿曇連等が所祭《いつきまつ》れる神なり」と紹介されている。ただし、具体的な活躍には言及されていない。

歴史時代に入り、第十五代応神《おうじん》天皇の三年十一月に、次の記事がある。

「方々の海人が騒ぎ立てて大命に従わなかった。そこで阿曇連の祖・大浜宿禰《おおはまのすくね》を派遣して、鎮めさせた。そこで彼を海人の統率者に任命した」

阿曇氏が突然、ここに登場した。しかも、日本中の海人たちを統率する役目を言い渡されたと言う。広い道も整備されていなかった「山島」に暮らす倭人にとって、「水運」は大きな比重を占めていたし、漁業によって、潤沢な食糧を供給していたはずだから、海人は、われわれが想像する以上に、高い地位を占めていたはずで（律令《りつりょう》制度が整ったのちに低い身分になってしまうが）、その海人を統率するほどの阿曇氏の歴史が、ほぼ記録されていないことに、大きな疑念を感じずにはいられないのだ。

しかも阿曇氏は、北部九州沿岸部を代表する一族であり、『後漢書』に登場する倭の奴国の末裔《まつえい》と考えられる。その阿雲氏を、なぜ『日本書紀』は軽視したのだろう。

これも、ヤマト建国時の北部九州抹殺《まっさつ》と、関わりがあると思う。

その一方で、『日本書紀』は奴国とつながる奇妙な話を神話で掲《かか》げている。それは海幸山幸《うみさちやまさち》神話だ。

彦火火出見尊《ひこほほでみのみこと》（山幸彦）が兄・火闌降命《ほのすそりのみこと》（海幸彦）の釣針を借りて、なくしてしまい、許してもらえなかったので途方に暮れていると、塩土老翁《しおつつのおじ》なる人物に誘われて、海神の宮に赴《おもむ》いた神話だ。海神の娘・豊玉姫《とよたまひめ》と結ばれ、三年後日常にもどってくる。

彦火火出見尊は神武天皇の祖父で、神武天皇の母と祖母は、どちらも海神の娘だ。ただし、海神の正体を、『日本書紀』は明示していないが、阿曇氏が海幸山幸

海幸彦・山幸彦・天皇家・阿曇氏の関係略図

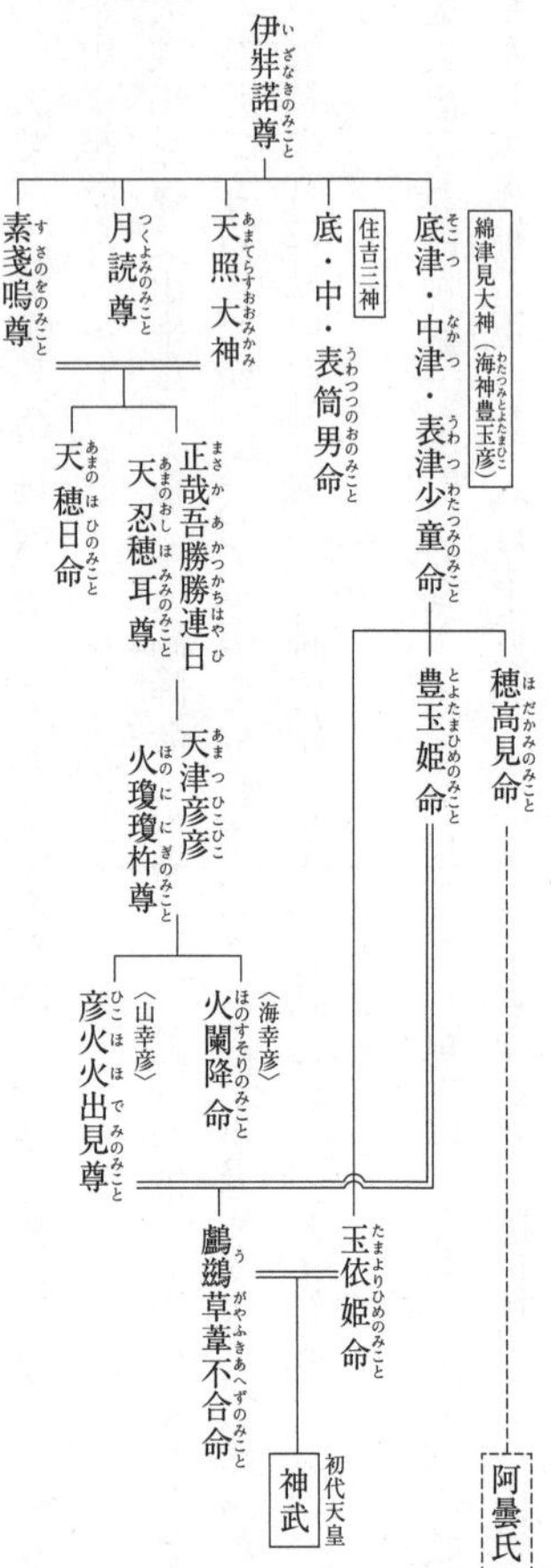

神話を語り継ぎ、海神を祀っている。対馬は阿曇氏のテリトリーだが、和多都美《わたつみ》神社が海幸山幸神話の舞台だったと語り継がれている。

『日本書紀』は、海幸山幸神話の舞台を日向に求めているが、阿曇氏は異論を唱えていることになる。また阿曇氏は海神（底津少童命、中津少童命、表津少童命、別名を海神豊玉彦《わたつみとよたまひこ》とも）の末裔だと言っていて、天皇家の母系の祖は、奴国の阿曇系で、王家は海神の末裔になる。

ならばなぜ、『日本書紀』はこの事実を語ろうとしなかったのか。そしてなぜ、ヤマト建国に関わっていたという記録のない海神の娘が、初代王・神武の母と祖母なのだろう。

ヤマト建国直後の奴国の様子

ここで、纒向出現後の奴国の様子に注目してみよう。

纒向遺跡の前半の土器は庄内《しょうない》式、後半は布留《ふる》式と呼ばれていて、箸墓《はしはか》が造られた頃（ようするにヤマト建国時）、入れ替わっている。奴国に、ヤマトから人々が押し寄せていたが、これは庄内式土器の時代から始まっている。

まず、那珂川《なかがわ》の下流域、海岸部に近い比恵《ひえ》・那珂遺跡群（福岡市博多《はかた》区。JR博多駅の東南側。一六四ヘクタールと、広大だ）や那珂川流域に、外来系土器が流れこんだ。奴国の王都と目されている遺跡だ。邪馬台国の時代からヤマト建国後にかけて、周辺に方形周溝墓《ほうけいしゅうこうぼ》や初期型の前方後円墳《ぜんぽうこうえんふん》が造営されている。庄内甕《がめ》は一〇〇

須玖岡本遺跡。弥生時代中期から後期の墳丘墓や青銅器鋳造遺跡などがある。国指定史跡。（写真提供：春日市教育委員会）

個以上みつかっている。しかも徐々に増えていった様子がみてとれる。

近くの西新町《にしじんまち》遺跡（福岡市早良《さわら》区）の土器は、在来系が六三％、ヤマト系二五％、出雲系九％、吉備系一％、伽耶《かや》系二％と、外来系が三七％を占めている。伽耶系の土器が含まれているのは、ここが交易の地でもあったからだろう。

もうひとつ、奴国の特徴は、手工業生産が盛んだったことだ。青銅器とガラス製品を作っていた。その中心の遺跡が、前述の須玖岡本遺跡を含む須玖遺跡群（福岡県春日市岡本）だ。福岡平野の中で、ここの青銅器の生産量は群を抜く遺跡群だ。鋳型が多数みつかっている。しかも、製品は各地にもたらされた。中広、広形型式の銅矛は対馬国や四国、出雲にもたらされ、朝鮮半島の狗邪国《くやこく》でもみつかっている。奴国の重要な交易品だった。

須玖五反田《ごたんだ》遺跡（春日市）では、ガラス勾玉を作っていた。鉄器の工房跡は赤井手《あかいで》遺跡（春日市）からみつかっている。

古墳時代初期（纏向遺跡に箸墓が造られた頃。布留式土器の時代に入ったあと。要はヤマト建国の直後。実際は、三世紀後半から四世紀頃か）、西新町遺跡のひとつの竪穴住居跡から出た土器を見てみると、外来系が圧倒的に多い。畿内系は七二・五％、山陰系が一五・六％、在地系が六・四％と、外来系に圧倒されている。近辺の住居跡でも、同様の結果が出ている。

西谷正《にしたにただし》はこの状況を「交流の拠点だから」と指摘するが（『魏志倭人伝の考古学』学生社）、交流が盛んだったからといって、畿内の人間が七割になってしまうのは、不自然だ。在地系が六％というのも、不可解だ。ヤマト建国とほぼ同時に、圧倒的な力がこの地に加えられた可能性が高い。

奴国の没落と伊都国の隆盛

奴国の須玖遺跡群はもともと高台にあったが、弥生時代後期前葉に、低地に移って衰退していた。春日丘陵上の環濠《かんごう》集落群もなくなり、三世紀には（纒向遺跡が出現すると）テクノポリスも失われ、王墓が造られなくなってしまった。

そこで気になるのは、西隣の伊都国なのだ。奴国の衰退と反比例するように、伊都国は発展を続けていたからである。

奴国と伊都国は、紀元前後から急速に発展しているが、それは楽浪郡が漢につながり、その恩恵を受けていたからだ。対馬や壱岐には奴国で造られた銅矛が伝わり、壱岐には伊都国から土器が運び込まれていた。対馬や壱岐にもたらされた朝鮮半島の土器は、伊都国でもみつかっている。奴国と伊都国は運命共同体だったはずだ。

『後漢書』倭伝の「安帝《あんてい》の永初《えいしょ》元年（一〇七）」の記事に、倭の複数の王が、共同で使者を送ってきたとある。みな、手探りで外交活動を始め、助け合っていた情景

（国土地理院：陰影起伏図を加工して作成）

が目に浮かぶようだ。

中国の前漢の時代、弥生時代中期後半、すでに伊都国は出現していた可能性が高い。三雲南小路遺跡《みくもみなみしょうじ》(福岡県糸島市《いとしま》)に王墓が出現していたからだ。鏡を合計五七枚あまり副葬していた。しかも、全部前漢の鏡だった。この枚数は日本で最多を誇り、漢と交流を持ち、倭のひとりの王として認められていたことを示している。

弥生時代後期には、井原鑓溝遺跡《いわらやりみぞ》(同市)に伊都国王墓が造られている。「魏志倭人伝」の時代(弥生時代終末期)の伊都国王墓なら、平原遺跡《ひらばる》(同市)が有名だ。その中の一号墓は、東西一四メートル、南北一〇メートルの墳丘墓《ふんきゅうぼ》で周溝を備える。割竹形木棺《わりたけがたもっかん》の内側と外側に、玉類や鉄素環頭大刀《てつそかんとうたち》がみつかり、さらに墓壙《ぼこう》の四隅から、四〇面の大型鏡(破砕されていた)が出土した。そのうちの五枚は内行花文鏡《ないこうかもんきょう》で、直径四六・五センチメートルと、日本最大の銅鏡も副葬されていた。「魏志倭人伝」が重視した通り、伊都国の富と権力を誇示するかのような豪《ごう》奢《しゃ》な副葬品である。

また、副葬品の中に武器がほとんどなく、アクセサリーが多かったため、女王の墓ではないかと疑われている。

伊都国には国邑《こくゆう》と呼ばれる都も存在していた。それが三雲・井原遺跡で、南北一・二キロメートル、東西七〇〇メートルで、吉野ヶ里《よしのり》遺跡と同等の規模を誇る。

そこで気になるのは、伊都国とヤマトとの関係だ。

奴国のように、纒向出現ののち、すぐにヤマトから人が大量に流れこんだ気配はない。伊都国の勢いも止まっていない。すでに弥生時代後期には、ライバル奴国よりも力をつけていた伊都国だった。

ただし、纒向に箸墓が造られ、布留式土器の時代が到来すると、三雲遺跡群（三雲南小路遺跡・井原鑓溝遺跡）は衰退し、大溝《おおみぞ》が埋められてしまった（防衛施設を無力化された？）。これに代わるかのように、沿岸部に畿内系土器を伴う集落が出現したのだった。この「畿内系の集落」は、北部九州沿岸部の東側にも広がり、宗像《むなかた》市にも、痕跡がみられる。

さらに四世紀にかけて、二一基の前方後円墳が造られ、ヤマトに次ぐ前方後円墳の密集地帯に変貌《へんぼう》していったのだ。ここではっきりと、奴国と伊都国の明暗は分かれた。

いったい、隣接するふたつの倭を代表する国が、なぜ異なる状況に陥ったのだろう。伊都国が奴国を蹴落《けお》としたのか、それとも、外的要因がからんでいたのだろうか。

そこで、何よりも気になることがある。それは、「魏志倭人伝」の伊都国と奴国にまつわる記事だ。

「魏志倭人伝」に描かれた奴国の立場

すでに触れたように、「魏志倭人伝」は帯方郡《たいほうぐん》から邪馬台国に至る行程を克明に描いている。その中で、九州島に上陸したあと、末盧国の次に、伊都国と奴国が登場した。ただ、奴国の扱いが、人口の割に低かった。「魏志倭人伝」の奴国記事は二三文字で、伊都国は一一一文字と、奴国が極端に少ない。

また伊都国は、「世王《よよ》有り」と、代々王が立っていたと記すが、奴国は「王」の記述がない。伊都国は女王国に統属していて、帯方郡の使者が往来する時、必ず伊都国に駐在したとも記録しているが、奴国にこのような記事はない。女王国（邪馬台国）と伊都国の強いつながりを示している。

また、行程記事とは別に、伊都国にまつわる記事がある。

女王国から北には、特に一大率を置いて、諸国を監察（取り締まる）させている。他の国々も、これを大変恐れている。一大率は常に、伊都国に駐在して統治の任にあたっている。中国の刺史《しし》（州の長官）のようなものだ。

伊都国の重要性が記され、奴国はここでも無視されている。これはいったいどうしたことだろう。奴国が衰退していったことと何か関わりがあるのだろうか。

問題は、纏向に人々が集まってからあと、ヤマトや多くの人々が奴国に流入していたこと、古墳時代になると、さらにその勢いが増したことである。そして知りたいのは、「魏志倭人伝」が記した「邪馬台国の卑弥呼の時代の奴国」が、どのような状態にあったのか、である。

繰り返しになるが、邪馬台国畿内論者は、箸墓の造営は三世紀半ばの事件で、これは卑弥呼の墓と主張するが、炭素14年代法の誤差を無視した暴論だと思う。もっとも古く見積もれば三世紀半ばだが、四世紀にずれ込む可能性は高い。畿内論者が

「三世紀半ば」と言い張るのは「箸墓の主を卑弥呼にすれば、畿内説が優勢に立てるから」であって、客観的で冷静で公平な判断とは言い難《がた》い。

纒向に人々が集まってきた時期に関しても、長い間三世紀初頭と考えられてきたが、いつの間にか、二世紀後半とする説が飛び出してきている。そう考えないと、「卑弥呼がヤマトにいたことにならないから」なのだろう。恣意的《しいてき》に年代観を操作しているとしか思えない。

絶対年代を特定する科学的方法と考えられているのが炭素14年代法で、これが世界的にも認められた技術ゆえ、つい過信してしまうが、運の悪いことに、ヤマト建国や邪馬台国の時代に限って、誤差が大きいのだ。これは、皮肉なことで、邪馬台国論争が迷走するきっかけにもなったのだが、いずれにせよ、もっとも大切な時期の絶対年代が確定できないことは、じつにもどかしい。ただ、だからといって、自説に都合の良いように年代観を操作してよいわけがない。

箸墓造営はいつなのか

なぜ箸墓築造の年代にこだわるかというと、邪馬台国の時代と纏向出現（ヤマト建国）の時代を確定してみたいからだ。奴国にヤマトの勢力が流入した時期、さらに北部九州沿岸一帯にヤマトの影響が拡大した時期（箸墓造営後）が、邪馬台国の卑弥呼の時代とどのようにつながっていたかを知らなければ、「魏志倭人伝」の記事と考古学を結びつけることができない。邪馬台国論争を語る上でも、ここは欠かせないポイントだ。

ただ残念なことに、すでに述べたように、箸墓造営の歴年代を明確に提示することはできないでいる。炭素14年代法によって、もっとも古ければ三世紀半ばだったことがわかり、邪馬台国畿内論者は小躍《こおど》りしたが、これを支持することはできない。自説に都合の良いように判断し、客観性はない。炭素14年代法は八十年以下の精度で確定できないと考えられていて、西暦二四〇～二六〇年の間に箸墓が造られたとする発想そのものが、恣意的である。

「魏志倭人伝」がこの世になければ、おそらく考古学者の多くは、「箸墓の造営は三世紀後半以降」と言うに違いない。森浩一《もりこういち》たちも、それを指摘していたのだ。

炭素14年代法が認知される以前、土器編年を用いた箸墓造営は、三世紀半ばと考えられてはいなかった。たとえば今から約三十年前の平成五年（一九九三）の段階で、鬼頭清明《きとうきよあき》は「前方後円墳という型式の墳墓が営まれたのは四世紀初頭から七世紀初頭にかけての、おおよそ三〇〇年間のことである」（『岩波講座　日本通史　第2巻　古代I』岩波書店）と述べている。これがかつての常識であった。

そこであえて、箸墓はいつ造られたのかを推測するに、やはり「早くても三世紀後半（三世紀半ばではけっしてない）」と判断するのが妥当と思われる。箸墓の周濠《しゅうごう》でみつかった木片の炭素14を測定したのだが、木片は箸墓が造られるよりもかなり早く伐採されていた可能性も高いのであって、そこにも落とし穴が隠されていることは、多くの論者が指摘している。

箸墓築造を三世紀半ばとみるのは無理とすれば、奴国に徐々にヤマトの人々が流れこんだ時期は三世紀前半から卑弥呼存命中にちょうど当てはまる。そして「魏志倭人伝」を読めば、魏の使者が日本にやってきた時、伊都国は栄え、奴国はヤマト勢力に「蹂躙《じゅうりん》されていた」か、あるいは、奴国がヤマトと手を組んでいた可能性を示している。

この事実こそ、大きな意味を持っていたと思う。初代神武天皇の母と祖母が海神の娘とする『日本書紀』の記事が、ここに来て無視できなくなってくる。海神を祀っていたのが奴国の阿曇氏だったこと、ヤマトと奴国につながりがあったことを、『日本書紀』の編者は知っていたのではあるまいか。

伊都国は九州の邪馬台国とつながっていた？

ヤマト勢力の九州侵攻が、平和的に行なわれたのか、あるいは、武力行使があったのか、定かではない。ただ、箸墓が造られたのは三世紀後半以降で、しかも、それ以前に奴国にヤマトの人々が流れこんでいたことは間違いない。

とすれば、問題は「はじめに」と第一章で触れた「魏志倭人伝」の記事なのだ。北部九州沿岸部について、「魏志倭人伝」は伊都国を重視し、奴国をほぼ無視した。

もし仮に邪馬台国畿内論者の考え（邪馬台国はヤマトにあった）が正しいとすると、邪馬台国（ヤマト）は九州に一大率を伊都国に派遣していたことになる。しかし、これは奇妙だ。ヤマト勢力はこの時期、奴国をおさえていたからだ。なぜ、奴国ではなく伊都国なのか。

地政学的にみても、ヤマトが北部九州に置く出先機関として、奴国は最適だった。のちに再び触れるように、応神天皇の父母（仲哀《ちゅうあい》天皇と神功皇后《じんぐうこうごう》）は、西征《せいせい》を断行し、儺県《なのあがた》に駐留している。儺県は旧奴国（要は福岡市と周辺）のことだ。

興味深いのは、橿日宮《かしひのみや》の位置で、福岡平野の東北の隅の海岸に面した高台にある。志賀島から見ると海の中道の根っこにあたる。東側の勢力が儺県を支配し監視するには、ここしかないという立地だ。しかも、いざという時、すぐに逃げることができるし、ヤマト方面からの補給や救助も可能だ。

仲哀天皇と神功皇后の西征を史実とみなす史学者は少ないのだが、現地に立ってみると、ただの創作とは思えなくなってくる。ここに拠点を築くことは、じつに、理にかなった戦略である。

ちなみに、仲哀天皇は神の託宣《たくせん》を無視したために怒りを買い、橿日宮で亡くなり、その死は秘匿《ひとく》された。伝承によれば、その晩、天皇は生きていることにして棺を椎《しい》の木に立てかけて御前《ごぜん》会議を行なった。すると薫香が漂ったために、その椎の木を棺掛椎《かんかけのしい》と呼び、宮は「香椎宮《かしいぐう》」と名付けたという。なんとも不気味な伝承ではあるまいか。

それはともかく、ここで注目したいのは、伊都国と奴国のことなのだ。

これもすでに触れたが、「魏志倭人伝」は伊都国を重視し、奴国をほぼ無視した。ここに大きな謎が残されていたのだ。しかし、邪馬台国の時代の北部九州の考古学がはっきりしてきたことで、ひとつわかったことがある。それは、奴国がヤマトの強い影響下に置かれていたことだ。三世紀前半にヤマトや山陰の人々は奴国になだれ込んだ。もし仮に邪馬台国がヤマトなら、迷うことなく奴国に一大率を置いただろう。しかし「魏志倭人伝」は、伊都国に置いたと言っている。これは、不自然だし、邪馬台国畿内説の大きな矛盾点《むじゅんてん》になってしまう。

ならば、この謎をどう考えればよいのだろう……。簡単なことではあるまいか。つまり、邪馬台国は奴国になだれ込んだヤマトであるはずがなく、「伊都国と手を組んだヤマトの敵」であり、北部九州のどこかにあったのではなかったか。

そこで改めて注目したいのは、江戸時代に提出されていた本居宣長《もとおりのりなが》の邪馬台国偽《ぎ》僭《せん》説だ。

すでに説明しておいたように、本居宣長は、天皇が中国の皇帝に頭《こうべ》を垂れるはずがないと主張し、魏に使者を送ったのはヤマトの王ではないと考えた。そこで浮上したのが、北部九州の女酋《じょしゅう》が、「われわれがヤマト（邪馬台国）」と偽《いつわ》ったという仮説だ。これが、そのまま三世紀の北部九州に当てはまると思う。本居宣長が想定した以上に、北部九州には危機が迫っていたからだ。

これを考古学に照らし合わせると、次のようになる。

三世紀初頭、北部九州にとって恐れていた事態が出来《しゅったい》した。勃興してもらっては困るヤマトの盆地に近江や東海の人々が集まり、あろうことか生命線だった明石《あかし》海峡も奪われた。吉備と出雲も、纏向に向かい、北部九州は孤立したのだ。その直後、間髪《かんはつ》を容《い》れずに、ヤマトの勢力が北部九州沿岸部や日田《ひた》の盆地になだれ込んできた。関門《かんもん》海峡と日田を奪われ、もっとも栄えていた沿岸部の首長は、はやばやと白旗を上げた可能性が高い。その中でも、かつての繁栄を取り戻そうと躍起《やっき》になっていた奴国は、いち早くヤマトと手を結んでしまった（あるいはヤマト側が積極的に奴国に働きかけたか）……。

浮かび上がってきた邪馬台国VSヤマトの構図

北部九州勢力は、すでに三世紀前半の段階で、絶体絶命のピンチに立たされ、ある者（具体的には奴国）ははやばやとヤマトに靡《なび》いていたのだろう。

ならば、ヤマトに抵抗した者はいたのだろうか。

奴国と日田盆地を奪われても、唯一生き残れる場所が、一ヶ所だけあった。それは、久留米《くるめ》市の高良山《こうらさん》周辺の一帯だった。

高良山は筑後川と並行して東西に走る耳納《みのう》山系の西のはずれに位置し、鎌倉時代の元寇《げんこう》に際して、高良大社《こうらたいしゃ》で祈禱《きとう》が行なわれたのは、戦略的に重要な場所だったからだ。「天下の天下たるは、高良の高良たるが故《ゆえ》なり」と称《たた》えられたのである。山の中腹には、土塁《どるい》の土台となった神籠石《こうごいし》がめぐらされ、古代から城として使われていたことがわかっている。展望台に立つと、筑紫平野が一望のもとに見渡せる。大軍に囲まれても、山系を通じて、兵站《へいたん》や兵粮《ひょうろう》が途切れないという強みを持つ。日田盆地から流れ下って急襲する敵を迎え撃ち、また、北部九州沿岸部から南下して、筑後川を渡ってくる敵を打ち破ることができる。豊臣秀吉《とよとみひでよし》も、この山を重視している。

無視できないのは、邪馬台国北部九州説の最有力候補地・山門県《やまとのあがた》（福岡県みやま市）が、高良山の陰に隠れた場所にあることだ。のちに触れるように、応神天皇が生まれる直前、山門県には田油津媛《たぶらつひめ》がいて、応神の母・神功皇后に滅せられている。つまり、山門県こそ邪馬台国であり、田油津媛は卑弥呼ではないかと筆者は考えているが、詳細はこのあと記す。

つまり、山門県＝邪馬台国は、高良山を楯に、ヤマトの圧力をはね返そうとしたのではなかったか。しかも、朝鮮半島に進出してきたばかりの魏に使者を送り、「われわれがヤマト」と名乗り、親魏倭王《しんぎわおう》の称号を獲得してしまった可能性を、疑っているのだ。

そこで再び思い出すのが、「魏志倭人伝」の不可解な記事のことだ。魏の使者が九州島に上陸した直後に、「前を行く人の背中も見えない藪《やぶ》を歩かされた」という記録だ。北部九州沿岸部まで進出してきたヤマトに、気づかれないように魏の使者を迎え入れなければならなかったことを暗示している。

山門県の卑弥呼の邪馬台国は奴国のライバル・伊都国とひそかに手を結び、北部九州連合（倭国）の復活を目論《もくろ》み、魏の使者を迎えいれたのだろう。ただし、九州島に上陸した魏の使者を、無理矢理山中に案内した……。つまり、末盧国から伊都

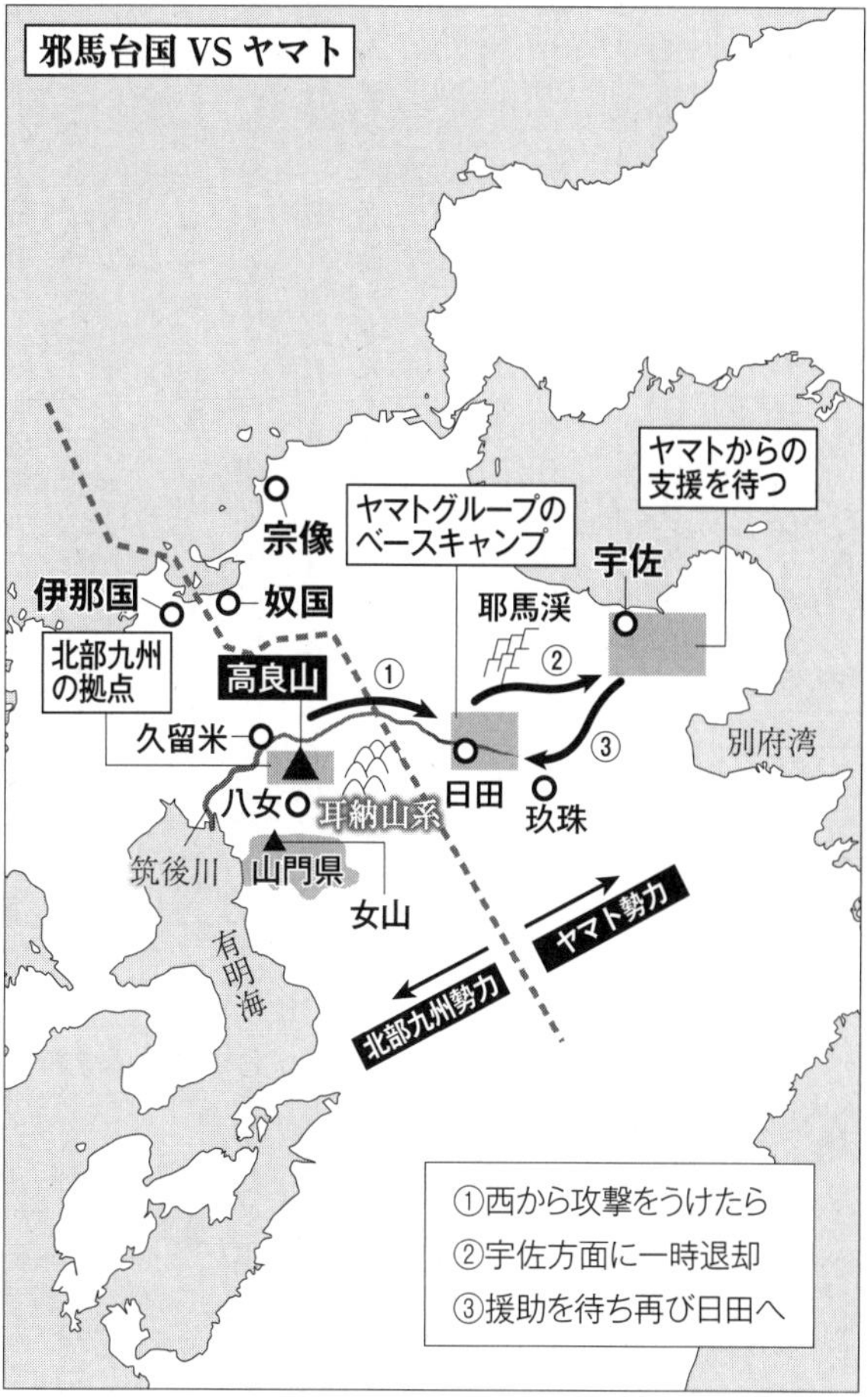

邪馬台国VSヤマト
ヤマトからの
支援を待つ
ヤマトグループの
ベースキャンプ
宗像
宇佐
伊那国
奴国
耶馬渓
北部九州
の拠点
高良山
①
②
③
久留米
別府湾
日田
玖珠
八女
耳納山系
筑後川
山門県
女山
ヤマト勢力
有明海
北部九州勢力
①西から攻撃をうけたら
②宇佐方面に一時退却
③援助を待ち再び日田へ

国の間の玄界灘は、奴国の海人が自在に往き来する海域でもあり、魏の使者がやってきたことが露顕することを恐れ、陸路を選択したというのが、本当のところだろう。

そして、「ヤマト＝邪馬台国」の所在地をうやむやにするために（本物のヤマトが東方にあることを伏せて）、伊都国付近から往復数ヶ月もかかる場所に邪馬台国があると伝え、魏の使者に邪馬台国来訪をあきらめさせたのだろう。帯方郡からやってきた魏の使者も「あんなブッシュの中を数ヶ月歩かされたら、身がもたない」と、恐怖したのだろう。

こうして、「魏志倭人伝」の不可解な記事の謎は解けたし、ヤマトVS邪馬台国（偽《にせ》ヤマト）の構図が、くっきりと浮かび上がってきた。

卑弥呼の敵・狗奴国の正体

邪馬台国の卑弥呼が「親魏倭王」の称号を獲得してヤマトを出し抜き、外交的に優位な立場に立っただろう。ならば、ヤマトの対応は変化したのだろうか。親魏倭王＝卑弥呼に、ひれ伏し、卑弥呼の目論見《もくろみ》は完遂したのだろうか。

「魏志倭人伝」は、このあとの邪馬台国や卑弥呼の情報を、記録している。

正始《せいし》八年（二四七）、帯方郡の太守《たいしゅ》に王頎《おうき》が着任したこと、倭の女王卑弥呼が、使者を帯方郡に遣わし、狗奴国の男王卑弥弓呼《ひみここ》なる者と以前から仲が悪かったこと、攻め合っていることを報告した。帯方郡では、国境守備の属官を遣わし、詔書《しょうしょ》と黄幢《こうどう》を持っていかせ、檄《げき》（おふれ）を作り（檄を飛ばし）、卑弥呼を諭《さと》そうとしたとある。ところが、使者が着く前に、卑弥呼は亡くなってしまったというのである。

ここでひとつ片づけておかなければならないのは、邪馬台国と争った「狗奴国」のことだ。

狗奴国について、「魏志倭人伝」は、邪馬台国の南にあると言っている。邪馬台国畿内論者は、北部九州沿岸部から南の方角に邪馬台国があるという「南」を「東」と読み替えることによって、畿内説を主張した。だから、狗奴国は邪馬台国の南＝東にあると考え（ヤマトの南側に強敵は存在しないため）、東海地方が狗奴国ではないかと指摘してもいる。しかし、二世紀後半から三世紀半ばにかけて、東海地方とヤマトが争った痕跡はない。これを、畿内論者は、どう説明するのだろう。

三世紀初頭、東海地方の人々が奈良盆地の東南のヘリにやってきて、纏向遺跡出現のきっかけを作ったという事実ならある。とすれば、卑弥呼と争った卑弥弓呼は東海の王ではない。

狗奴国は、どこにあったのだろう。鍵を握っていたのは「奴国」だ。

「奴国」は衰弱したが、それでも存在感を示し続けたようだ。その命綱は、ネットワークにあった。「奴」のつく国名は、すべて奴国と同盟関係にあったのではないかとする説はすでに述べてある。とすれば、狗奴国は奴国に近しい国だったのではあるまいか。

いや、倭国の女王卑弥呼は、奴国に集結していた「奴国同盟＋ヤマト」と争い、敗れたのではなかったか。それを正確に伝えられなかった邪馬台国の卑弥呼は、「奴国同盟＋ヤマト」の全体を指して「狗奴国＝狗（犬）の奴国」と、蔑《さげす》みと憎しみを込めて呼び、魏に報告したのではないかと、思えてくるのである。

ならばこのあと、卑弥呼と邪馬台国はどうなったのだろう。「魏志倭人伝」は、卑弥呼亡きあと男王が立ったこと、国中服さず混乱を招き、一〇〇〇余人が殺されたこと、卑弥呼の宗女《そうじょ》（一族の女性）・壹《と》（台）与《よ》（トヨ）を立てることで、ようやく収まったと言う。

邪馬台国は狗奴国に敗れなかったのだろうか。台与が国を継承したということは、滅亡を免れたのか。奴国連合＋ヤマトとの関係はどうなったのだろう。

私見通り、狗奴国が奴国連合＋ヤマトとすれば、少なくとも邪馬台国は狗奴国との戦いに勝利し、狗奴国を排除したわけではなさそうだ。こののち、奴国のみならず、伊都国にもヤマトの人々が流れこんでいる。この状況を、どのように考えればよいのだろう。

われわれは卑弥呼と『日本書紀』にだまされた

われわれは、だまされていたのではあるまいか。邪馬台国の卑弥呼だけではない。『日本書紀』の編者にもだまされていたと思う。

『日本書紀』編者は、ヤマト建国と邪馬台国の事情を、知っていたと思う。その上で、歴史を隠蔽《いんぺい》した……。

『日本書紀』神話は、見事と言っていいほど、ヤマト建国の場を、ことごとく消し去っている。史学者たちは、『日本書紀』が編纂される時代に、確かな情報は残っていなかったと考え、『日本書紀』からヤマト建国の真相を突きとめることをあきらめた。歴史解明の放棄だ。じつにもったいないことをしたと思う。

西暦七二〇年に『日本書紀』は完成した。『日本書紀』は天皇家の正当性と正統性を証明するために記されたと誰もが信じているが、ここも、みなだまされていたのだ。

中国では前王朝の滅亡とともに、新王朝の正当性を証明するために歴史書が記されることが多かった。新王朝が前王朝を倒した正義を明らかにするためだ。世直しの正当性を示すのである。

日本の場合、七世紀と八世紀の段階で王家は入れ替わっていない。その代わり、本当の権力者が交替している。

ヤマトの王には強大な権力は渡されず、政治運営は実権を握る有力者（豪族や貴族）に委《ゆだ》ねられていた。王を担《かつ》ぎ上げていた人々だ。この、「ヤマトの真の権力者」なら、大きく入れ替わった。ヤマト建国からあと、ヤマトの王家を支えた三つの家、物部《もののべ》氏、蘇我《そが》氏、尾張《おわり》氏らが、藤原《ふじわら》氏の台頭によって、没落したのだった。ちなみに、物部氏は吉備、蘇我氏は日本海（タニハ）、尾張氏は東海出身の雄族《ゆうぞく》で、いずれもヤマト建国の立役者の末裔だった。ヤマトの王家を支え、あるいはヤマトの王家そのものとも言える血縁関係を結んでいた（詳しくは拙著『ヤマト王権と古代史十大事件』ＰＨＰ文庫）。

旧豪族を一掃した藤原氏は、ここから一党独裁を目指していく。八世紀初頭に権力を握ったのは藤原不比等《ふひと》であり、彼が最晩年、『日本書紀』編纂を急がせていたことがしだいに明らかになってきた（森博達『日本書紀　成立の真実』中央公論新社）。『日本書紀』は、藤原氏の正義を証明するための歴史書であり、だから藤原不比等の父親の中臣鎌足《なかとみのかまたり》の蘇我入鹿《いるか》暗殺劇は、正義の戦いにされてしまったのだ。また、『日本書紀』はところどころで、ヤマトの王家を小馬鹿にしている（詳述は避ける）。

藤原不比等は、旧豪族の活躍と王家とのつながりを抹殺するために、ヤマト建国を「よくわからない」ととぼけ、その上で歴史を神話に組みこみ、あるいはヤマト建国黎明《れいめい》期の諸々の事件をバラバラにして、時代を分けて記録したのだと思う。だから、順番が逆だったり、事件現場がまったく違う場所だったり、という形になってしまったのだ。

しかし、その、分解されたパズルのピースをシャッフルして、考古学を参考にして組みたて直せば、真実のヤマト建国の歴史が現れてくると思うのである。

その最たる例が、邪馬台国問題であり、北部九州で何が起きていたのか、克明に再現できると思う。それは、考古学がヤマト建国の経緯を明らかにしてくれた今だからこそ、できる作業でもある。

『日本書紀』はヤマト建国の詳細を理解した上で、知っていたからこそ抹殺した……。そう考えざるを得ない事例が、確かにある。それが、応神天皇の母・神功皇后の西征なのだ。神功皇后の物語の中に、邪馬台国とヤマト建国のエッセンスが詰まっていたのである。

考古学的事実と重なる〝神功皇后西征〟ストーリー

『日本書紀』には、ヤマト建国前後の西日本の動きを考古学の指摘そのままに再現している場面がある。それは、時代はずれているが、仲哀天皇と神功皇后の西征なのだ。

『日本書紀』の提示した「ヤマト建国の歴史」は神武天皇の東征《とうせい》で、日向（南部九州）を出立し、北部九州の東側に寄り、さらに瀬戸内海を経《へ》てヤマトを目指すも、ナガスネビコ（長髄彦）の邪魔に合い、紀伊半島を大きく迂回し、ようやくヤマトに入って王に立ったというあらすじだ。

これに対し通説は、「そもそも何もなかった南部九州に天皇家の祖が降り立ったという天孫降臨神話からして信じがたい」と言い、かつては、「北部九州からヤマトに向かった」「それは邪馬台国東遷《とうせん》」と推理していた。また一方で、邪馬台国（神武）東遷説は下火になり、実際の初代王は第十代崇神《すじん》天皇だったと推理している。第十代から第十二代まで、宮は纏向やすぐ近くに建てられたと『日本書紀』は言う。

また、初代神武と十代崇神は同一人物だったとする推理が定説化してもいる。神武と崇神、どちらも「ハックニシラス天皇《すめらみこと》（はじめて国を治めた天皇）」と、称賛されてもいるからだ。

しかし一方で、第十五代応神天皇の母、神功皇后の摂政紀《せっしょうき》に、「魏志倭人伝」の引用記事が載り（すでに述べた）、『日本書紀』は神功皇后が邪馬台国の卑弥呼か台与だったとほのめかしている。

もちろん通説は、この記事を無視している。『日本書紀』の編者が無理矢理干支《かんし》二巡引き下げて、卑弥呼と神功皇后を重ねてしまったにすぎないと言うが、ならばなぜ、三世紀のヤマト建国の考古学が、神功皇后の西征とそっくりそのまま重なってしまうのだろう。結論を先に言ってしまうと「それは神功皇后がヤマトのトヨ（台与）で、九州の邪馬台国の卑弥呼を討ち取ったから」と筆者は考える。

そこで、考古学と『日本書紀』の記事のどことどこが重なって見えるのか、説明して行こう。

『日本書紀』仲哀二年条から、神功皇后の活躍が始まる。

神功皇后は角鹿《つぬが》の笥飯宮《けひのみや》（福井県敦賀市《つるがし》）に滞在し、夫・仲哀天皇が紀伊国《きいのくに》に巡幸《じゅんこう》していた時、熊襲《くまそ》が背《そむ》いた。そこで仲哀天皇は紀伊国から穴門《あなと》（山口県西部）に向かった。神功皇后は角鹿から日本海づたいに西に向かい、豊浦津《とゆらのつ》（下関市《しものせき》）に至り、ここに宮を建てた（穴門の豊浦宮《とゆらのみや》）。

豊浦宮滞在は長引き、仲哀八年正月に、ようやく筑紫に向かったのだった。

　仲哀天皇八年春正月、仲哀天皇と神功皇后の一行は、筑紫に渡った。時に、岡《おかの》県主《あがたぬし》（岡は福岡県遠賀郡芦屋町《あしやまち》）の祖・熊鰐《わに》は、仲哀天皇の噂《うわさ》を聞きつけ、船に五《い》百枝《おえ》の賢木《さかき》を立て、白銅鏡《ますみのかがみ》・十握剣《とつかのつるぎ》・八尺瓊《やさかに》といった神宝《かむたから》をかけて、周芳《すわ》（周防《すおう》・山口県防府《ほうふ》市）に出迎えた。神宝を捧げ、服従の印とした。また、天皇の御饌《みけ》になる「魚塩《なしお》の地（魚や塩がとれる土地）」を献上し、次のように奏上した。

「穴門から向津野大済《むかつののおおわたり》（豊前国宇佐郡向野。現在の大分県杵築《きつき》市山香町《やまがまち》の港）までを東門とし、名籠屋大済《なごやのおおわたり》（名籠屋崎。福岡県北九州市戸畑区）を西門とし、没利島《もとりしま》（山口県下関市の六連島《むつれじま》）と阿閉島《あへしま》（六連島北西の藍島《あいのしま》）を穀物を提供する土地にし、柴島《しばしま》（洞海湾《どうかいわん》内）を割《さ》いて魚を提供する土地にし、逆見海《さかみのうみ》（北九州市若松《わかまつ》区）を塩を提供する土地にしましょう」

　こうして熊鰐は仲哀天皇の一行を水先案内し、岡水門（福岡県遠賀郡芦屋町の遠賀川河口）に導いた。この時、神功皇后は別の船で遠賀川の東側、洞海《くきのうみ》（北九州市の洞海湾）に入った。潮《しお》が引いてしまって身動きがとれなくなってしまったため、熊鰐が迎えに行き、岡津《おかのつ》（岡水門）に案内した。

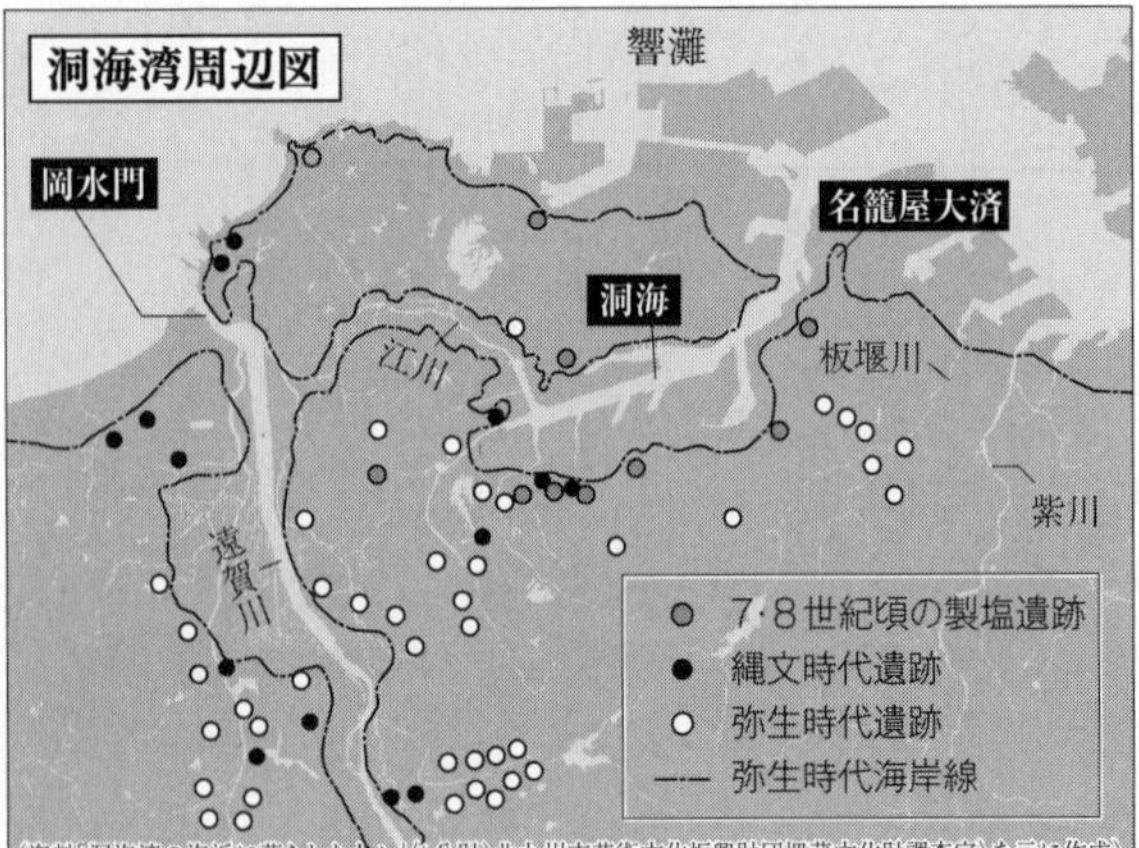

（資料「洞海湾の海浜に暮らした人々」（（公財）北九州市芸術文化振興財団埋蔵文化財調査室）を元に作成）

次に、筑紫の伊観県主《いとのあがたぬし》（「魏志倭人伝」に言うところの伊都国《いとこく》）の祖・五十迹手《いとて》がやはり神宝を船にくくりつけ、穴門の引嶋《ひけしま》（山口県下関市彦島《ひこしま》）に出迎えたため、天皇は五十迹手を褒《ほ》め称《たた》えた。

玄界灘に面した首長層たちは仲哀天皇に恭順し、儺県《なのあがた》（福岡県博多区付近、「魏志倭人伝」にいうところの奴国）に至り、橿日宮（香椎宮）に入った……。

仲哀八年秋九月、橿日宮ではトラブルが勃発していた。神功皇后に神託《しんたく》が下って「熊襲にかまっていないで、海の向こうの新羅《しらぎ》を討て」、ということだった。しかし仲哀天皇は神の言葉を疑い、熊襲征討に向かい、敗れる。そして、仲哀九年春二月、仲哀天皇は急死してしまったのだ。神の言葉を無視したからだと『日本書紀』は言う。

三月、神功皇后は祟《たた》る神を祀り、熊襲を討たせると、おのずから投降してきた。神功皇后は、こうして橿日宮を離れ、南に向かう。荷持田村《のとりたのふれ》（福岡県朝倉市）の賊を討ち、さらに山門県（福岡県みやま市）の土蜘蛛《つちぐも》・田油津媛を打ち滅ぼした。こうして神功皇后は反転し、新羅征討に向かったのだ……。

この仲哀天皇と神功皇后の西征は、まさにヤマト建国前後の考古学をなぞっているし、いくつもの「本当の歴史」が隠されているように思えてならない。

策に溺《おぼ》れた『日本書紀』編者

さんざん述べてきたように、三世紀初頭にヤマトの纏向に人々が集まってきて、ヤマト建国の気運が高まり、同時に、多くの人々が北部九州に押しかけた。しかも、奴国に集中していたと考古学は指摘している。神功皇后の拠点作りも、まさに、「ヤマト建国の考古学」をなぞっていたことになる。

これだけ「ヤマト建国の考古学」と「神功皇后の行動」がぴったりと重なってしまうと、『日本書紀』が神功皇后の時代に「魏志倭人伝」の記事を引用したのは、『日本書紀』編者が「うっかり本当のことを言ってしまった」からではないかと疑いたくなる。

そこで、「神功皇后は邪馬台国の卑弥呼の時代の人」と仮定して『日本書紀』の記事を読み進めると、邪馬台国の時代に北部九州で何が起きていたのか、明確に見えてくるはずである。

神功皇后は応神天皇の母親で、これまで四世紀後半の人物と信じられてきたが、実際にはヤマト建国前後（邪馬台国の時代）の女傑《じょけつ》で、ヤマトから西に向かい、穴門の豊浦宮や橿日宮に拠点を築き、「偽のヤマト＝邪馬台国」を制圧したのではなかったか。そして、「海の女神のトヨ（豊玉姫など）」と多くの接点を持っていたのは、彼女が「トヨの女傑」だったからだと思い至る。

神功皇后が邪馬台国の時代の人と思えてくるのは、『日本書紀』に記された神功皇后のそのあとの行動が考古学の示す三世紀の北部九州の状況に、ぴったりと重なるからだけではなく、ヤマトが北部九州を制圧するなら、これしか方法がないと思えるほど、理にかなっているからだ。

『日本書紀』は、神功皇后は奴国の橿日宮から筑後川北岸の朝倉市付近に布陣し（丘陵地帯の南側）、山門県の女性首長・田油津媛を討ち滅ぼしたと記録している。

まず、神功皇后は地政学上理にかなった作戦行動をとっている。現地を知らずに空想で書いた記事ではなかろう。

神功皇后が討ち取った相手は、要するに高良山やその裏側に潜《ひそ》む「偽のヤマト＝邪馬台国」の女王だろう。

その上で、神功皇后は、親魏倭王（卑弥呼）を殺したとは魏には報告できないので、宗女・台与を名乗り、北部九州で女王に立ったのではなかったか。

神功皇后と邪馬台国には、干支二巡の差があるから、卑弥呼と神功皇后の時代は重ならないと、史学者は否定してかかったままだ。しかし、「神功皇后は邪馬台国の時代」と言いだしたのは、正史《せいし》『日本書紀』であった。なぜこんな記事を残したのだろう。『日本書紀』編者は「策に溺れた」と思う。

ヤマト建国を初代神武に仕立て上げたから、後世の人間は第十四代仲哀天皇の正《せい》妃《ひ》はヤマト建国から相当時間がたった頃の人と信じたのだ。ここで、『日本書紀』のカラクリは完ぺきだったように見える。しかし、物証（考古学）と証言（『日本書紀』）との矛盾や他の文書との差を埋めていくと、新たな仮説が得られるのである。

なぜ豊前国に「宮処《みやこ》（都）・神京《みやこ》」が置かれたのか

仲哀天皇や神功皇后の行動は、地政学や戦略的にみて、間違っていない。たとえば、山口県の穴門の豊浦宮で数年滞在したのは、関門海峡をおさえ、日田を支配するのに要した時間と思われる。

ちなみに、源平合戦《げんぺいかっせん》の壇《だん》ノ浦《うら》の戦いは、まさに関門海峡の争奪戦だったが、源《みなもとの》義経《よしつね》が陣を布《し》いたのは、豊浦宮の沖合だった。関門海峡の潮の流れは急で、潮の満ち引きによって、状況は刻々と変化する。おそらく、豊浦宮のあたりが、関門海峡を制する上で、潮流の変化を見極め攻勢をかけるのに、もっとも適した場所だったのだろう。

さらに余談ながら、豊浦宮で神功皇后は、海神から潮の満ち引きを自在に操る珠《たま》

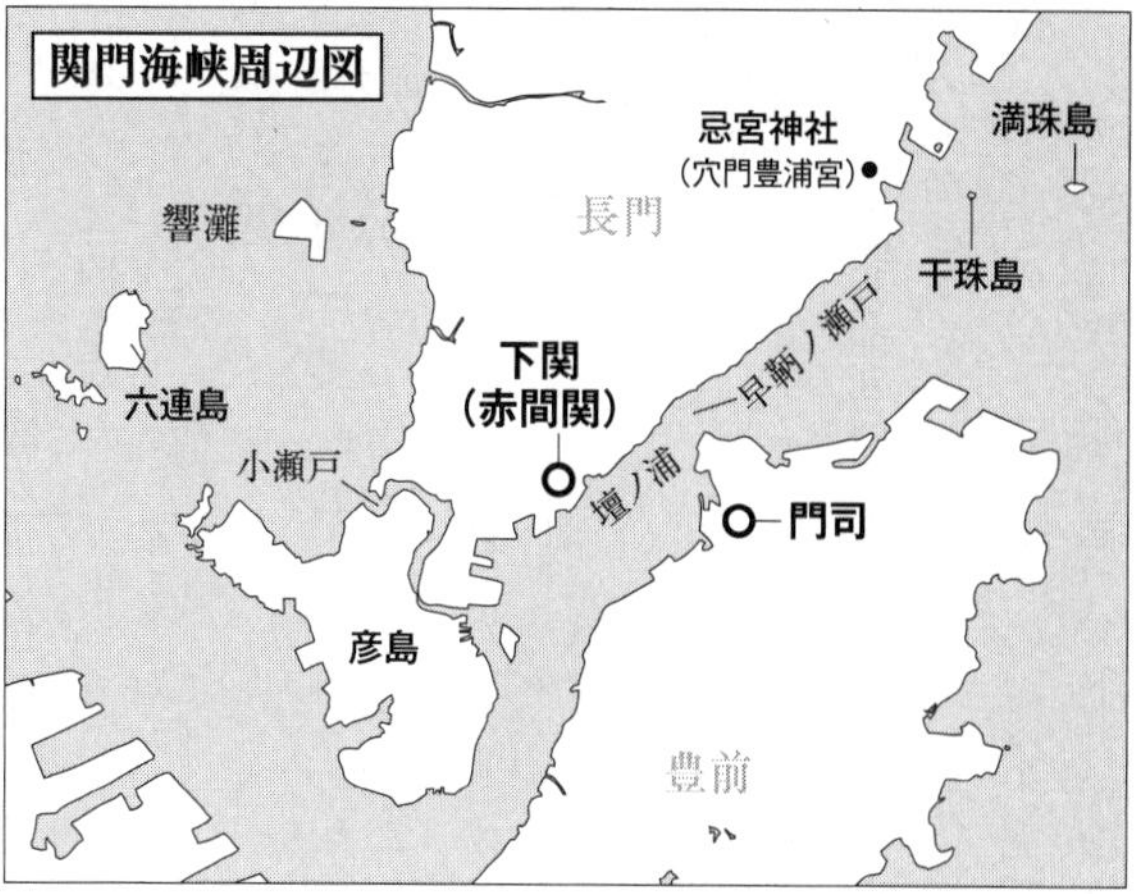

をもらい受けている（『日本書紀』）。

　ここで注目すべきなのは、神功皇后がいたる場面で「海神の娘のトヨ（豊）」「トヨ（豊）の海の女神」と接点を持っていたことだ。

　そこで興味深いのは、『豊前国《とよくにのみちのくちのくにの》風土記《ふどき》』逸文《いつぶん》の次の記事だ。「宮処郡（福岡県行橋市《ゆくはし》一帯）」にまつわる記事が残される。その昔、天孫《あめみま》（天津彦彦火瓊瓊杵尊《あまつひこひこほのににぎのみこと》）がここから出立し、日向の旧都に天降《あまくだ》った。ここは、天照大神《あまてらすおおみかみ》の神京だったという……。

　荒唐無稽《こうとうむけい》な話ゆえ、ほぼ、史学者は無視するが、本当にもったいない話だ。

　まず、なぜ豊前国に「宮処（都）・神

京」があって、天照大神が住んでいたと伝わったのだろう。しかも、ここからニニギが天孫降臨を果たしたということは、神話の天上界（高天原《たかまのはら》）そのものではないか。だからこそ、史学者は、この説話を無視するのだが、火のないところに煙は立たないと思う。

たとえば『豊後国風土記《とよくにのみちのしりのくにのふどき》』大分郡《おおきだのこおり》の段に、「昔、景行《けいこう》天皇が豊前国の京都《みやこ》の行宮《かりみや》からこの郡に行幸《ぎょうこう》された」という話が載る。トヨの国の「ミヤコ」に、何かあったことは、間違いない。しかも、ヤマト側の行動の起点になっていたことも、共通する話だ。これはいったい何だろう。

豊前国、豊後国はもともと「トヨの国（豊国）」だった。「トヨの国の宮処（神京）」に天照大神が住んでいたと記され、この地から、神々や景行天皇は九州各地に散っていった。この話、やはり看過《かんか》できない。

邪馬台国北部九州論者の中には、「トヨの国」や菟狭（大分県宇佐市）に邪馬台国はあったとする説が散見する。天照大神は卑弥呼とする説も根強く、彼らの仮説は、ふたつの「トヨの国」の『風土記』と、ぴったりと合致してくるわけだ。

しかし、地政学的に見て、トヨの国は独立を保つのが難しい場所だ。安定の都にはなりにくい。トヨの国は東西から見て通過点だからだ。西も東も、どちらの勢力にとっても、トヨの国は貴重な止まり木であった。ただし、東西どちらの勢力がトヨの国を必要としたかと言えば、差は歴然としている。東側＝瀬戸内海から先の勢力が朝鮮半島とつながる玄界灘に出るには、関門海峡を通過しなければならない。仮に山口県側をおさえたとしても、トヨの国に政敵が待ち構えていれば、危険きわまりない。

北部九州勢力にとって、朝鮮半島との交易が最大の強みだったから、東に進出したいという熱意はなかっただろう。ただ、東が発展すれば、北部九州沿岸部は、安心していられない。そこで、関門海峡を封鎖し、さらに明石海峡をも閉じる策を採ったのだろう。しかし、想像以上に東の圧力が強く、しかも奈良の盆地に集結した彼らは、一気に西に向けて押し寄せてきたのだろう（これは、憶測ではなく、すでに述べたように、土器の移動から、はっきりとわかっている）。

そして、東の勢力は、北部九州沿岸部に到達するために、山口県に拠点を作り、さらに、対岸のトヨの国（豊前・豊後）の一帯をおさえる策に出ただろう。関門海峡を挟む東西の陸地をおさえれば、自然と海峡を獲得することができる。

さらに、トヨの国をおさえた上で、日田の盆地に進出したわけだ。ヤマトからみれば、トヨの国には大切な役割があったと思う。それは、北部九州を支配下に置くための九州で最初のベースキャンプであった。だから、「天照大神の神京が置かれた」という伝承は、大きな意味を持っていたと思う。

くどいようだが、神功皇后はトヨの海の女神と多くの接点を持っている。神功皇后は邪馬台国の卑弥呼と同時代人で、卑弥呼を討ち取り、のちに宗女・台与を名乗り、王になったのだろう。

神武を守った大伴《おおとも》氏、応神を守った蘇我氏

初代と十代が同一と通説はうなずき合うが、神功皇后の時代が邪馬台国の時代だったという『日本書紀』の記事は、無視してしまう。それは、ひとつの理由に、『日本書紀』編者の「歴史家としての良心」を信用しているからだ。編纂者たちは「知っている限りの知識を正史に盛り込もうとしていた」から、「魏志倭人伝」の女王の記事を日本の歴史に当てはめるとしたら、四世紀後半の神功皇后という女傑し

かなかったということになろうか。

つまり、通説の考えの根底には、『日本書紀』編者がヤマト建国の真相を知らなかったという前提があるわけだ。知る限りにおいて、ヤマト建国時に女傑が活躍したなどという史料や伝承がなかったために、矛盾を感じつつも、干支だけあわせ（二巡の違いがあったのだが）、邪馬台国の卑弥呼や台与ら女王を神功皇后に重ねて、やむなく妥協した、ということだろうか。

しかし、『日本書紀』は作為に満ちた文書だったことを忘れてはならない。『日本書紀』は正史だが、これは「正しい歴史書」の意味ではない。現政権は自らの正当性を証明するために「正式な歴史書＝正史」を書くのであり、邪馬台国やヤマト建国の時代にさかのぼって都合の悪い事実が残っていたら、当然抹殺するか、改竄《かいざん》したことだろう。

神功皇后を補佐し、その息子の応神を守り続けたのが武内宿禰《たけのうちのすくね》（『古事記《こじき》』では建内宿禰）で、この人物は蘇我氏の祖だから、神功皇后がヤマト建国時の女傑とすれば、蘇我氏は古く正統な歴史と系譜を持っていたことになる。蘇我氏は藤原氏の宿敵であり、彼らがヤマト草創期から続く名族であってはならなかった。だからだろう、『日本書紀』は武内宿禰を蘇我氏の祖とは認めていない。これに対し『古事記』は、建内宿禰の末裔に蘇我氏の名を挙げている。

『日本書紀』にとって、神功皇后や応神に近侍《きんじ》していた武内宿禰が蘇我氏の祖ではまずかったのだろう。

『日本書紀』編纂時の権力者・藤原不比等の父は中臣鎌足で、蘇我入鹿《いるか》暗殺の主犯であり、『日本書紀』は蘇我氏の専横《せんおう》を強調し、中臣鎌足の正義を証明している。『日本書紀』編纂の最大の目的はここにあり、だからこそ、蘇我氏の「王家と強くつながった姿」を残すことはできなかったのだろう。

ちなみに、神武天皇も、神功皇后や蘇我氏と接点がある。

『日本書紀』が初代王と認める神武天皇の母と祖母は海神の娘と記しておいたが、祖母の名が「豊玉姫」で、「トヨの海の女神」だったことは、大きな意味を持っている。しかも、神功皇后が奴国で阿曇氏と強くつながり、その阿曇氏は神武の祖母・豊玉姫を祀っていた。

神武天皇が九州からヤマトに入ったいわゆる神武東征は、神功皇后の子の応神が瀬戸内海を東に向かい、ヤマトに入った記事と重なる。筆者は、神武東征は、神功皇后の子・応神天皇の足跡と考えているのだ（あとでもう少し説明する）。神武天皇は、なぜか纏向には宮を造らず、橿原宮《かしはらのみや》（奈良県橿原市）を住処《すみか》にしている。一帯はその後、大伴氏や隼人《はやと》ら、九州の海人の拠点となり、また蘇我氏の地盤となった。

神武東征の際、身辺を固めたのは大伴氏や隼人だったが、応神天皇を守り続けたのは武内宿禰だった。ふたつに分けられた話の脇役たちが橿原に集住していた意味は、けっして小さくない。

そんな話、関係ない？　いや、神武天皇と蘇我氏の強い絆は、このあと徐々に話していく。両者の関係を抹殺したのも、『日本書紀』だろう。

神話は繰り返され、歴史時代に投影されている

初代神武天皇と第十五代応神天皇は同一人物だったと、筆者は考える。だからこそふたりとも九州からヤマトに入り、その直前、ヤマトの政敵に追い返されそうになったというそっくりな話が残されたのだと思う。

とは言っても、このような説を誰も取り上げてくれないのは百も承知だ。ただ、大林太良《おおばやしたりょう》は、『古事記』神話のイザナキ・イザナミ神話が、神功皇后や応神天皇、仁徳《にんとく》天皇の歴史とそっくりだと指摘している。神話と神功皇后の時代に、ヤマト建国説話が、話されていたことになる。つまり、神話は繰り返されて、歴史時代に投影されていると言うのだ（『日本神話の構造』弘文堂）。この説は、重要な意味を持っていると思う。

そこで、大林太良の考えを、以下にまとめておく。

『古事記』神話と歴史の、どこが似ているのだろう。

①【神話】イザナキは死んでしまったイザナミのあとを追って黄泉国《よみのくに》に行く。ところが、妻の腐った醜い姿をみて、地上界にもどってくる。ミソギ（禊）をして穢《けが》れを祓《はら》った。

【歴史】神功皇后の三韓征伐《さんかんせいばつ》で住吉《すみよし》三神が登場する場面と、神功皇后の子の応神が、ヤマトに凱旋したのち、角鹿（福井県敦賀市）でミソギをしている。

②【神話】イザナキとイザナミは国生み神話で淡路島《あわじしま》近辺を拠点にしていた。
【歴史】仲哀天皇から仁徳天皇の『古事記』の記事の中に、淡路関係の記事が集中している。

③【神話】イザナキが三貴子（天照大神、月読尊《つくよみのみこと》、素戔嗚尊《すさのをのみこと》）を生んだ時、アマテラスに高天原を、ツキヨミに夜之食国《よるのおすくに》を、スサノヲに海原《うなばら》の統治を命じた。
【歴史】三界分治は、応神天皇の皇子たちに当てはまる。大山守命《おおやまもりのみこと》は山・海の政《まつりごと》、大雀命《おおさざきのみこと》は食国の政、宇遅能和紀郎子《うじのわきいらつこ》は天津日継《あまつひつ》ぎを支配しろと命じる。

これだけでは、偶然の一致ということもありうる。そこで大林太良は、さらに両者の「構造的な類似」を掲げている。
イザナキ・イザナミとアマテラス・スサノヲの神話と神功皇后〜仁徳天皇、ふたつの説話の両方が、「国生《くにう》み」「支配者誕生」「支配者と兄弟（アマテラスの場合は、姉の支配者と弟の争いになる）の争い」と、三つの段階を経ていると指摘した。

イザナキとイザナミは国生みをするが、女性がはじめに発言して、失敗する。次に、男性から声をかけて成功した。国生みを終えて、イザナミは亡くなり、イザナキはひとり（単性生殖）で支配者（三貴子）を生む。そのあと、アマテラス（姉）とスサノヲ（弟）が争った。この場合、イザナキは天父でイザナミは地母を表している。アマテラスは上界を、スサノヲは下界を表す。これだと、イザナキとイザナミの逆になる。

この一連の神話の構図が、そのまま神功皇后〜仁徳天皇に至る説話に重なると言う。

国生み神話に相当するのは、神功皇后の新羅征討で、神の命令によって行なわれている。しかも最初、夫の仲哀天皇は神託を聞いて「神はウソを言っている」と発言し、神の怒りを買い亡くなった。男が発言して失敗し、男が亡くなるのは、イザナキ・イザナミの逆バージョンだ。このあと、神功皇后は神の言葉を素直に受け入れ、朝鮮半島に遠征を敢行する。これは国土拡大であり、国生みに相当すると言うのだ。

　また、神話では天と地の対立と融和のストーリーだが、神功皇后の場合、海と陸との対立と融和が問題になっているとする。

　支配者の誕生は、イザナキ・イザナミの場合アマテラスの誕生だが、神功皇后の場合は、朝鮮半島から九州に凱旋後、応神が生まれたことだ。また、異郷（黄泉国と朝鮮半島）から帰ってきて子を生むという話は神話と神功皇后に共通だ。さらに、仲哀天皇が亡くなったあと、応神は出産予定日をかなり超過してから生まれていて（神功皇后は腰に石を挟み、出産を遅らせ、十月十日を大幅《おおはば》にすぎた）、これは一種の単性生殖で、イザナキと同じだと言う。

　次に、支配者とその兄弟の争いがある。神話ではアマテラス（姉）とスサノヲ（弟）が天上界（高天原）で争ったが、神功皇后説話の中では、子の応神がヤマトに戻った時、仲哀天皇の腹違いの子、香坂王《かごさかのおう》と忍熊王《おしくまのおう》と争っている。ただし、直接戦ったのは神功皇后で、ここに、アマテラスとスサノヲに与えられた価値の体系と同じ構造が見いだせると言うのである。

『古事記』は弁証法を用いている？

なぜ、神話と神功皇后説話を見比べると、鏡で映したかのような「よく似ている」が、ところどころ反転している構造」が見られるのだろう。

大林太良は、『古事記』は弁証法を用いているからと指摘した。つまり、前代の矛盾を、男女を取り替えることによって融和させていたと言うのである。

しかし、『古事記』編者の意図は、もっと別のところにあったと思う。

『日本書紀』の編纂を命じたのは天武《てんむ》天皇で、天武王家の正義を証明するために記されたといまだに信じられている。甥《おい》の大友皇子《おおとものみこ》を殺して即位した正当性がほしかったのだと言う。

しかし、すでに述べたように、『日本書紀』は藤原氏のための歴史書で、天武天皇が蘇我系豪族に支持されていたという事実をもみ消して、天武天皇の正体を抹殺している。『日本書紀』にとって、天武天皇の存在そのものが、不都合な真実であった。天武天皇は親新羅派だが、『日本書紀』の論調は新羅に冷淡で、宿敵の百済《くだら》を持ち上げている。

これに対し『古事記』は、序文で壬申《じんしん》の乱（六七二）を取り上げ、天武天皇を礼《らい》讃《さん》している。『古事記』は新羅を重視している点、『日本書紀』とはまったく逆の編纂方針だったことがわかる。

『古事記』の成立が『日本書紀』よりも新しいと考える偽書《ぎしょ》説がある。たとえば大《おお》和岩雄《わいわお》は『古事記』は〝原《げん》古事記〟に手を加えたのだろうと推理している（『古事記成立考』大和書房）。筆者もこの考えを支持している。特筆すべきは、『古事記』が、『日本書紀』の記事をほぼなぞりつつも、肝心なところで異なる説話を用意し、『日本書紀』の隠匿《いんとく》し、改竄してしまった歴史の復元のためのヒントを提示していることである。たとえばそのひとつが、蘇我氏の祖を建内宿禰（神功皇后と応神天皇の忠臣・武内宿禰）と明記したことで、『日本書紀』編者にとって、癪《しゃく》に障《さわ》る記事だったことだろう。

さらに、『古事記』は三巻に分けて編纂されているが、上巻は神話、中巻は神武天皇から応神天皇まで、下巻は仁徳天皇から推古《すいこ》天皇（七世紀）までの記録となっている。問題は、中巻の記事が史実とは思えず、ヤマトタケルが二面性を秘めて活躍するなど、神話チックだったことにある。そして、応神天皇で巻をまとめたところに、大きな意味が隠されていると思う。中巻は、初代神武天皇が九州からヤマトに向かい、政敵に滅ぼされそうになったが、呪術《じゅじゅつ》で敵を倒した話。応神天皇も、九州からヤマトに向かい、政敵の抵抗にあいながら、呪術や武力を駆使して、敵を圧倒している。ふたつの同じ話を巻頭と巻末に配置している。

これはつまり、「上巻は神話だが、中巻はまるまるヤマト建国説話なのだ」と、主張しているように思えてならない。だから、神話と神功皇后説話を『古事記』が「念を押すために（気づいてもらうために）同じ構造を用意した」のではないかと思えてならないのである。

ここまでわかったところで、いよいよ次章では、「魏志倭人伝」と『日本書紀』の記事をつないで、消し去られた歴史の再現を試みようと思う。

第四章　新邪馬台国論　―ヤマト建国の真相―

考古学的事実で〝邪馬台国《やまたいこく》論争〟は頓挫した？

これまでの話を、ここで整理しておこう。

纒向《まきむく》遺跡の発見により、邪馬台国畿内《きない》説が優勢になったが、大きな弱点があった。それは、「魏志倭人伝《ぎしわじんでん》」の「北部九州沿岸部から南に行くと邪馬台国がある」の「南」を「東」に読み替えたために、「邪馬台国の南の宿敵狗奴国《くなこく》」は、「ヤマトから見て東の東海地方」ということになった（異説もあるが）。しかし、考古学的にみて、纒向に人々が集まってからしばらくの間、東海地方とヤマトが敵対していた様子はない。それどころか、東海地方の人々が纒向に集まり、ヤマト建国のきっかけは作られていた。この食い違いを、畿内説は説明できていないし、邪馬台国の卑弥呼《ひみこ》が魏に泣きついたほどの強敵がいて、戦ったという地域が、ヤマトの東には見当たらないのである。南を見ても、吉野《よしの》から先は深い渓谷と森があるだけだ。

ヤマトの周辺に狗奴国はない。そもそも「魏志倭人伝」を素直に読めば、邪馬台国は北部九州沿岸部の南側のどこかにあったと考えざるを得ない。

それだけではない。ヤマト建国の考古学が進捗《しんちょく》してみると、邪馬台国の時代と重なる三世紀に、多くの人々が近畿《きんき》や山陰地方から北部九州沿岸部に流れこんでいたこともわかってきた。ここに、邪馬台国論争の、大きな曲がり角があったと思う。これまでのどの説も、通用しなくなってしまったのだ。説明不可能なのである。

確かに、邪馬台国の時代の日本列島でどこが一番富を蓄えていたかと言えば、熊本県をふくめた北部九州であった。また、日本海側も、大量の鉄器を保有していたことがわかってきている。ヤマトの鉄など、わずかだったのだ。

ところが、人々はヤマトに集まり、一気に九州に押しかけてしまった。ここに、大きな謎《なぞ》が生まれたのである。

このため、考古学者の中には、「もう、邪馬台国はどうでもよい」と、投げやりな発言をする者も現れた。ヤマト建国の詳細が再現できるようになって、日本の成り立ちも、ほぼ語ることができるようになった。これがわかってきたのだから、今さら邪馬台国の迷宮でさまよう必要が、どこにあるというのか。

炭素14年代法も、畿内論者の自己満足に寄与するだけに終わった。邪馬台国論争は、ここで、一度暗礁《あんしょう》に乗り上げていたわけである。

ならば、邪馬台国論争は無駄だったのだろうか。あるいは、邪馬台国論争は、このまま決着することはないのだろうか。

そこで、最後の切り札を、筆者は思い出したわけだ。それが、日本側の証言であり、これまで、「古い年代の内容は正確ではない」と信じ込まれてきた『日本書紀《にほんしょき》』である。

『日本書紀』は神功皇后《じんぐうこうごう》の時代に、「魏志倭人伝」を引用していた。通説は、「干支《かんし》二巡盛った」と指摘し、無視しているが、不思議なことに、神功皇后はヤマト建国の考古学と地政学を、ぴったりそのまま、物語の中で再現してみせてくれたのである。これを捨て去ることは、じつにもったいない。

『日本書紀』の中で神功皇后は儺県《なのあがた》（奴国《なこく》）の橿日宮《かしひのみや》を拠点にし、南下して朝倉市《あさくら》付近から一気呵成《いっきかせい》に山門県《やまとのあがた》の女性首長《しゅちょう》（田油津媛《たぶらつひめ》）を滅ぼし、反転して新羅《しらぎ》に向かった。神功皇后の西征《せいせい》の国内での最終目的は山門県制圧にあったわけで、ここが邪馬台国北部九州説の最有力候補地だったこと、神功皇后が「トヨ（豊）の女神」といくつもの接点を持ち、「豊浦宮《とゆらのみや》」から「トヨ（豊）の国」を経由して橿日宮に陣取った意味は、とてつもなく大きい。

神功皇后は「魏志倭人伝」に登場する卑弥呼を成敗し、卑弥呼が「親魏倭王《しんぎわおう》」の称号を獲得していたがために、自ら卑弥呼の宗女《そうじょ》（一族の女）を名乗り、倭国王《わこくおう》（この時代の倭国の領域は、「魏志倭人伝」に記録された北部九州の国々であろう。その倭国の王の住んでいた場所が、邪馬台国だ）に立ったのだろう……。

これが、考古学と『日本書紀』を組み合わせた「新邪馬台国論」である。

ニギハヤヒや神武東征《じんむとうせい》説話は絵空事なのか

ただし、ここで、考古学は次の難題をわれわれに突きつける。ヤマト建国後、出雲《いずも》やタニハといった日本海勢力が没落し、さらに奴国も無残な姿をさらしたのだ。いったいここで、何が起きていたのだろう。ヤマト建国によって吉備《きび》を中心とする瀬戸内海《せとないかい》勢力がひとり勝ちしたイメージなのだ。ヤマト建国後、何かしらの主導権争いが勃発《ぼっぱつ》し、勝者と敗者が、はっきりと分かれてしまったことになる。

前方後円墳《ぜんぽうこうえんふん》は、日本各地に伝播《でんぱ》していった。すると、近江《おうみ》や東海が東日本に広げていた「前方後方墳《ぜんぽうこうほうふん》」の勢力圏は、一気にしぼんでいく。前方後円墳体制が、ここに確立したわけだ。前方後円墳は各地方の埋葬文化の寄せ集めだが、原型は吉備で造られたと考えられている。前方後円墳の世紀は、瀬戸内海発展の時代でもあった。

古墳《こふん》時代を通じて日本最大の勢力を誇った豪族《ごうぞく》は物部氏《もののべ》で、彼らは大阪府八尾《やお》市付近を地盤にした。その八尾市で、三世紀の吉備系の土器がみつかっていることから、物部氏は吉備系と考えられる。八尾市だけではなく、奈良盆地の西側の生駒《いこま》山系とその周辺を物部氏は我が物にし、大和川《やまとがわ》の出口をおさえている。

盆地の西側を獲得したのは、彼らが瀬戸内海からやってきて、瀬戸内海に逃げられる場所だったからだ。そして、ヤマトの流通の要《かなめ》である大和川から瀬戸内海に通じる水の道を、独占したと思われる。

『日本書紀』は、ヤマト建国の物語を、物部氏とからめて記録している。

神武天皇が日向《ひむか》を出立するよりも早く、物部氏の祖・ニギハヤヒ（饒速日命《にぎはやひのみこと》）は天磐船《あまのいわふね》に乗って天上界からヤマトに舞い下りていたこと、先住のナガスネビコ（長髄彦）の妹を娶《めと》り、ヤマトの地に君臨していたと記されている。このあと、神武がヤマトに乗り込もうとするが、ナガスネビコの抵抗にあい、一度紀伊《きい》半島を大きく迂回《うかい》して、ヤマト入りを目論《もくろ》んだ。最後はニギハヤヒが抵抗をやめないナガスネビコを殺し、神武を迎えいれている。

この『日本書紀』の示したヤマト建国のストーリーを、史学者の多くは一種の神話にすぎないと無視するし、直近の考古学の知見をあてはめても、「九州からヤマトに王がやってきた」ことをうまく解釈することができないし、「吉備系の物部氏の祖が身内を裏切って神武を受け入れた」その理由を説明することができない。やはり、ニギハヤヒや神武の建国ヒストリーは、絵空事なのだろうか。

奴国滅亡と神功皇后の接点

神話も、奇妙だ。神話の舞台になったのは天上界（高天原《たかまのはら》）、出雲、日向（南部九州）で、その他は国生《くにう》み神話（国土の誕生）の中でしか登場しない。神々の活躍の場は、限定されていたのだ。もちろん、ヤマト（奈良県）も登場しない。北部九州や瀬戸内海（たとえば播磨《はりま》や吉備）、日本海側のタニハ、東海地方、近江、北部九州沿岸部など、三世紀の歴史を語る上で外《はず》せない場所は、ほぼ無視されている。これも、引っかかる（隠されたに決まっているのだが）。

さらに、天孫降臨《てんそんこうりん》の舞台が南部九州だったことも、解《げ》せない。高千穂《たかちほ》（宮崎県と鹿児島県の県境の高千穂峰《たかちほのみね》と宮崎県西臼杵《にしうすき》郡高千穂町の二説あり）に舞い下り、そこから歩いて笠狭碕《かささのみさき》（鹿児島県南さつま市笠狭町の野間岬《のまみさき》）に向かったという話も、どう考えればよいのだろう。北部九州のように繁栄を誇っていた場所ではない。

もし私見通り、神功皇后がヤマト建国時の女傑《じょけつ》で、ヤマトから北部九州に乗り込み、邪馬台国の卑弥呼を滅ぼし、台与（トヨ）と名乗ったと仮定してみよう。『日本書紀』は、「その後神功皇后は北部九州で応神《おうじん》を生んで、ヤマトに向かった」と言っている。ならば、天孫降臨神話も北部九州に舞い下りて、そこから神武がヤマトに向かったことにするのが、自然の流れではないのか。なぜ、天孫族は南部九州に向かったと神話は主張しているのだろう。あるいは、私見の「台与＝神功皇后、応神＝神武」が間違っているのだろうか。

ヒントはどこにあるだろう。

まず、神話から抽出できる「事実ではないか」と匂わせる案件は、神武の母と祖母が海神の娘で、しかも奴国の阿曇《あずみ》氏と関わりが深いことであった。神武天皇だけではない。応神の母・神功皇后も、奴国に拠点を置き、阿曇氏の祖の磯良丸《いそらまる》なる者を重用《ちょうよう》していたと伝承が残されている。

また、阿曇氏の祀《まつ》る対馬《つしま》の和多都美《わたつみ》神社は、神武の祖父母が関わる海幸山幸《うみさちやまさち》神話の舞台は日向ではなく、ここだったと伝えている。

これはいったい、何を意味しているのだろう。卑弥呼の死後、何があったのかが問題となってくる。

阿曇氏の奴国に、三世紀前半にヤマトから人々が流れこみ、その後没落していった。逆にお隣の伊都国は繁栄を維持していたことがわかっている。この事実と『日本書紀』の神功皇后の説話に、接点を見いだすことはできるのだろうか。

ここで注意すべきことは、「台与＝神功皇后」が、奴国に拠点を置き、朝鮮半島へ遠征したと『日本書紀』は言い、奴国の海人《あま》を束《たば》ねる阿曇氏と一蓮托生《いちれんたくしょう》となったであろうこと、ところが奴国は滅びていたとなると、神功皇后たちの「その後」が、心配になる。彼女たちはどうなってしまったのだろう。

ぞんざいに埋められていた志賀島《しかのしま》の金印《きんいん》

奴国の謎だらけの歴史を解《と》き明かすヒントは、「志賀島の金印」だと思う。志賀島の金印を、奴国滅亡の大きな証拠とする説が根強くある。

そこで、少し金印の話をしておきたい。

すでに述べたように、天明四年《てんめい》（一七八四）二月（江戸時代のことだ）、那賀《なか》郡志賀島村の百姓甚兵衛《じんべえ》が、すぐ目の前が海だった水田の溝《みぞ》を直して岸を切り落とすと、石がゴロゴロと出てきて、最後に、ふたりで抱《かか》えるほどの石（「二人持ちの石」は、農夫や庭師が頻繁に使う言葉だという）が出てきて、これを取り除くと、光るモノが出てきた。そこは神社境内《けいだい》との境だったので、神社に届けたが、受け取りを拒否されたため、やむなく役所に届けた。これが『後漢書《ごかんじょ》』倭伝に「倭の奴国に印綬《いんじゅ》を授けた」と記された金印ではないかと、考えられている。いわゆる志賀島の金印である。

金印は想像以上に小さく、「漢委奴国王」と刻《きざ》まれていた。

金印公園は金印が発見されたと推定される場所。能古島や玄海灘が一望できる。（写真提供：福岡市東区役所地域整備部維持管理課公園係）

金印はニセモノではないかと疑われることもあった。貴重品であり、権威の象徴でもあった金印が、古墳に副葬されずに、野ざらしに近い状態だったことが、胡散臭《うさんくさ》かったのだろう。

けれども、一辺約二・三五センチという大きさは後漢初期の一寸《すん》で、江戸時代に、その知識はなかったし、金印を偽造するなら、もっともらしい大きな物を作っていただろう。それに、農夫が発見したという話も、かえって信憑性《しんぴょうせい》を増している。もし「模造品（想像して作ったことになる）の金印」に箔をつけたければ、もっと、しっかりした発見のストーリーを考えついたはずなのだ。古墳や神社から出てきたと言いはやしただろう。しかも、由緒書きを添えたに違いない（もちろん偽書《ぎしょ》）。そう考えると、志賀島の金印は、本物としか考えられない。

ただそうなると、なぜ金印は、奇妙な形で埋められていたのか、という謎が生まれる。奴国王の宝物が、ぞんざいな形で埋められていたのなら、理由があるはずだ。

中山平次郎《へいじろう》は、大正三年（一九一四）に、ひとつの仮説を思いついた。突発的な事件を起きていたのではないかというのだ。それは、邪馬台国（北部九州）に敗れたためだったという。奴国が、あわてて埋めたと推理した。ただし、昭和二十五年（一九五〇）に考えを修正し、神武天皇が日向から北上した時、奴国王は金印を埋め、神武東征軍の一員としてヤマトに向かったと言う（『金印研究論文集成』大谷光男編著　新人物往来社）。

けれども、『日本書紀』や『古事記《こじき》』に、「神武が奴国（儺県）に立ち寄った」という記事はないし、神武軍に加勢するのに、なぜ金印を埋める必要があったのだろう。

志賀島の金印だけではない。もうひとつ気になるお宝がある。大分県日田《ひた》市で発見された貴重な鉄鏡（のちに詳述する）は、ぞんざいな形で埋められていて、こちらも「あわてて埋めた」ようなのだ。

奴国と日田で、何が起きていたのだろう。ヤマト建国前後のヤマト側の戦略上最重要なふたつの場所で、貴重なお宝がみつかったのは、偶然なのだろうか。

邪馬台国北部九州論者の多くは、沿岸部の奴国が内陸の邪馬台国にやられたと考えるが、そうすると、不思議なことがある。と言うのも、奴国を潰《つぶ》すと同時に、日田も攻められた可能性が高い。邪馬台国にとっては二方面作戦で、ある程度の時間を要しただろうということだ。

そしてもうひとつ、奴国と日田を、筑紫《つくし》平野の巨大勢力が討ち滅ぼしたというのなら、それは「九州の邪馬台国の大勝利」であって、ヤマトは大きな痛手を負ったはずなのだ。この結果を受けて、神武なり邪馬台国の勢力はヤマトに移動したということなのだろうか。その証拠はあるのか？

ただここは、冷静に考えよう。最大の謎は、ふたつのお宝が発見された場所は、九州におけるヤマト側の最重要拠点だったこと、そしてこれから再確認するように、ふたつの宝の「捨て方」がよく似ていることなのだ。

ふたつのお宝は、「これは負けるかもしれない」「逃げる支度をしなければ」と、考える余裕もないほど、突然の事件が起きていたとしか考えられない。敗れてちりぢりに逃げれば「落ち武者狩り」の恐怖が待ち構えている。お宝を持っていくのは危険だ。

日田の地形は西からの攻撃に鉄壁であって、筑後川《ちくごがわ》をさかのぼってくる邪馬台国の軍勢が一気に日田を攻め滅ぼせるわけではないのである。それなのに、なぜ、あわてたのだろう。ここに、邪馬台国とヤマト建国をめぐる、最後のミステリーが秘められていると思う。

そこで、日田のお宝に注目してみよう。

日田で発見された金銀錯嵌珠龍文鉄鏡《きんぎんさくがんしゅりゅうもんてっきょう》の謎

昭和八年（一九三三）、久留米《くるめ》と大分《おおいた》を結ぶ久大本線《きゅうだいほんせん》敷設工事で、盛土《もりど》を採取している際、「ダンワラ古墳（日田市日高町）の石棺《せっかん》の中から、刀、馬具、勾玉《まがたま》、青銅《せいどう》器《き》、錆《さび》だらけの鉄の塊《かたまり》がいくつもみつかった」（カッコで囲ったのは、この部分にひとつ問題が隠されているからだ。これから語っていく）。地主がお宝をあずかり、その中の錆《さ》び付いた鉄を複数、小学校に寄付したのだった（寄贈していないとする証言もある。奪われたらしい）。ところがその鉄の塊は行方不明になり、昭和三十五年（一九六〇）に京都大学の考古学者・梅原末治《うめはらすえじ》が奈良の古物商で「伝日田出土」の鉄塊を手に入れた。研《と》ぎ出してみると後漢時代の鉄鏡が出現したのだ。これが、金銀錯嵌珠龍文鉄鏡である。

『太平御覧《たいへいぎょらん》』には、金錯《きんさく》は皇帝が、銀錯《ぎんさく》は皇太子が所持するものと記されている。このことから、後漢からもらい受けた貴重品で、「王族レベル（金錯・銀錯ゆえ）」に所持が許された鉄鏡だったことがわかる。

鋳鉄《ちゅうてつ》製で、直径二一・一センチメートル、厚さ二・五ミリメートルで、鏡の裏側に、八匹の龍が金と銀で描かれ、目に緑色の石英《せきえい》がちりばめられていた。鏡の縁を渦雲文《かうんもん》が飾られ、前漢鏡だった可能性も高い。

賀川光夫《かがわみつお》は「卑弥呼の鏡」と推理している（木藪正道『日田の宝鏡』芸文堂）。日本でも支配者クラスが持つ鏡だからだ。そこで、日田市の有志は「金銀錯嵌珠龍文鉄鏡は卑弥呼がもらい受けた鏡」「邪馬台国は日田市だった」と唱えているが、鏡は「動産（持ち運びができる）」なので、金銀錯嵌珠龍文鉄鏡だけでは「邪馬台国日田

金銀錯嵌珠龍文鉄鏡
〔東京国立博物館蔵、出典：ColBase（https://colbase.nich.go.jp/）〕

説」の決め手にはならないと思う。

　問題は、当時を知る地元の人間は、口を揃《そろ》えて、「斜面を掘っているると土砂とともに、お宝が崩れ落ちてきた」とおっしゃる。石棺から出土したというのは、のちの考古学者が、「これだけの宝物が、土に埋められていたはずがない」と、勝手に解釈したからだ。出土した時、考古学者が立ち会っていなかった。地元の素人《しろうと》の証言を、信じなかったのだろう。金銀錯嵌珠龍文鉄鏡をめぐる学説は、迷走を続ける。

　そうこうしているうちに、九州国立博物館文化交流展示室長（当時）の河野《かわの》一隆《かずたか》が、志賀島の金印と日田の金銀錯嵌珠龍文鉄鏡を結びつけて、画期的な仮説を提示した。

まず、奴国は邪馬台国に敗れたのではなく、となりの伊都国との主導権争いに敗れたのであって、戦いに敗れて逃げる時、志賀島に金印を埋め、金銀錯嵌珠龍文鉄鏡を日田に持ち込み、やはりあわてて埋めたと言うのだ（西日本新聞　二〇〇七年十一月六日）。

この仮説は、大きな意味を持っていて、大いに賛同するのだが、少し修正する必要がある。

まず、「なぜ奴国と日田から、後漢と関わりあるお宝がみつかったのか」そして「なぜ、それをぞんざいな形で埋めたのか」を、考え直す必要がある。奴国が伊都国の勢いに押されて敗れたとしても、なぜ、日田に金銀錯嵌珠龍文鉄鏡を埋める必要があったのだろう。

台与が北部九州を支配するためにおさえた三つの場所

私見にこの謎を重ねると、新たな仮説が得られる。

考古学が明示したように、纏向に集まった人々は、次に北部九州を目指し、奴国と日田をおさえた。これを『日本書紀』は神功皇后の説話で語っていたのだが、邪馬台国の卑弥呼を討ち取った神功皇后＝台与（トヨ）は、成り行きで九州で倭国王に立たされた。では、神功皇后はどこに都を置いたのだろう。可能性があるのは、三つだ。ひとつは奴国。もうひとつは日田、そして、豊国《とよのくに》の宮処《みやこ》である。そう思う理由ははっきりとしている。

まず、神功皇后はヤマトから乗り込んだから、北部九州勢力はみな、敵と考えて間違いない。まずは、身の安全を考える。すると、もっとも安全なのは、トヨ（豊）の国（大分県と福岡県東部）だ。ここに暮らして、日田と奴国に「一大率《いちだいそつ》」を置けば、攻められることは、まずないだろう。万が一攻められても、ヤマトに援軍を要請できる。逃げるにしても、瀬戸内海の複雑な潮流と多島海に紛れ込むことができる。

ただし、北部九州を統治するには、あまりにも距離がある。そこで次に安全なのは、日田の盆地だ。実際、盆地の北側の高台に、政治と宗教に特化した小迫辻原《おざこつじばる》遺跡が出現している。筑後川を下れば、一気に筑紫平野（久留米市）に出られる。北部九州に睨《にら》みをきかせるには、ちょうどいい。ただ、やはり、北部九州の中心部

（国土地理院：陰影起伏図を加工して作成）

は、遠い。

そこで、もっとも危険だが、現場に一番近い奴国の橿日宮が浮上してくる。神功皇后は奴国の阿曇氏の祖・磯良丸を重用したと伝わるから、奴国だけは、安全に暮らせると考えたはずだ。

とすると、奴国は神功皇后の宮で、北部九州統治の中心地になる。もちろん、トヨ(豊)の国に補給基地を造り、また日田には、それこそ一大率を置いて、監察させ、筑後川流域に睨みをきかせていたのだろう。

ここまでわかってくると、志賀島の金印と日田の金銀錯嵌珠龍文鉄鏡を土に埋めた理由がわかってくる。結論から言ってしまえば、奴国の神功皇后は、不意打ちを食らったのだろう。身内(ヤマト)に裏切られ、背後から急襲され、着の身着のまま逃れたのが、本当のところではなかろうか。

これまで語ってこなかったが、『日本書紀』神功皇后摂政《せっしょう》六十六年の条に、次の記事が載《の》る。

この年、晋《しん》の武帝《ぶてい》の泰初《たいしょ》二年(二六六)だった。晋の『起居注《ききょちゅう》』に、「武帝の泰初二年十月に、倭の女王、訳を重ねて貢献せしめた」という。

これによれば、魏が滅んだあとの晋の時代に、倭の女王が通訳を重ねて貢献せしめたという。

卑弥呼の死が西暦二四七年頃だから、ここにある倭の女王は、台与（神功皇后）だろう。

ちなみに、晋の『起居注』は、中国歴代の天子の言行や勲功を記した日記体の官撰記録で、実物はほとんど残っていない。この記事の時代の起居注も、現存しない。

台与（神功皇后）の大誤算

「魏志倭人伝」の卑弥呼にまつわる記事との違いは、魏が厚遇し、親魏倭王の称号を与えたり、檄《げき》を飛ばしたりしたのに対し、晋の倭の女王に対する態度が、何も記されていないことで、おそらく、冷遇されたのだろう。「親晋倭王《しんしんわおう》」の称号を与えられたとも記されていない。晋は三国鼎立《ていりつ》状態を打開し、統一王朝を築き上げてゆく。この段階で、倭を特別視する必要はなくなっていたのだろう。

このあと、中国の歴史書から、倭の女王の記事は、消えてしまう。台与は歴史からフェイドアウトしたのだ。

台与は、なぜ晋を頼ったのか。それは、魏が滅び、「親魏倭王」の意味を失ったからだろう。

こういうことだと思う。台与の誤算は、魏の滅亡にあった。親魏倭王の卑弥呼を殺してしまったことで、成り行き上、台与が倭王に立った。ミイラ取りがミイラになったわけだ。

まだ、はっきりとした統治システムが完成していなかったヤマト政権は、ここで試練を迎えた。国際的に認められた女王＝台与は北部九州に駐留している。その台与たちを九州に派遣したヤマトの中枢部は、困惑したし、両者の間には、疑心暗鬼が募《つの》り始めただろう。

しかも、『日本書紀』はこの時代の混沌《こんとん》を暗示する記事を残している。すなわち、九州征伐（最初のきっかけは「熊襲《くまそ》が背《そむ》いた」だった）の際、神功皇后は日本海から、仲哀《ちゅうあい》天皇は瀬戸内海を西に向かった。そして、仲哀天皇は神の言葉に背いて変死している。この夫婦の行動、奇妙だ。なぜ二人は別々のルートをたどって九州に赴《おもむ》いたのだろう。あるいはなぜ、そういう設定を『日本書紀』が選んだのだろう。その上で、「瀬戸内海の仲哀天皇」は亡くなり、その死は隠され（ヤマトにも伝えられず）、前述したように生きている体《てい》で棺桶《かんおけ》を椎《しい》の木に立てかけ「御前《ごぜん》会議」を開いたという。結局、神功皇后は大戦果を上げてヤマトに凱旋《がいせん》したが、一度政敵にヤマト入りを阻まれている。

ヤマト連合内部の瀬戸内海勢力と日本海勢力の争い

この話、実際には、ヤマトと九州の共存ののちのヤマト連合内部で勃発した主導権争いと対立（しかもそれは、瀬戸内海勢力と日本海勢力の争い）を暗示していたのではなかったか。つまり「瀬戸内海」は仲哀、「日本海」は神功皇后をあらわす。

すでに述べたように、ヤマト建国後衰退したのは、奴国だけではない。出雲やタニハなど、日本海側も一気に弱体化していた。集落が消えてしまう地域もあった。要は、神功皇后が越《こし》から九州を目指していた時、通過した地域が壊滅したのだ。そしてこのあと、瀬戸内海側のひとり勝ちという結末が待っていたのだ。

ヤマト建国後、日本海勢力（北部九州＋山陰地方）と瀬戸内海勢力が主導権争いを始めるのは、地政学的に考えて時間の問題だった。朝鮮半島と直接やりとりができる日本海勢力が優位だったし、関門海峡を封鎖してしまえば、瀬戸内海勢力はそれだけで干上がる。しかも、日本海勢力の後押しを受けた台与（神功皇后）が、魏のお墨付きを得て北部九州の王（倭王）に立ってしまった。この時点でピンチに立たされたのは瀬戸内海勢力であり、だからこそ、瀬戸内海勢力は形勢逆転を画策し、日本海勢力を裏切り、台与のいる北部九州に攻め入ったのだろう。台与たちは背後から急襲され、逃げ惑《まど》ったに違いない。

日田も、西からの攻撃には頗《すこぶ》る強いが、東から攻められると弱点を露呈する。奴国や日田の台与の勢力はあわてて敗走し、金銀錯嵌珠龍文鉄鏡は、隠すように土に埋めたのではなかったか。また、奴国でも同様の事態に見舞われ、櫃日宮から海に逃れた貴種《きしゅ》たちは、志賀島の浜辺に穴を掘り、金印を埋め、目立つ石を置いて、復活した時、取りに来ようと考えたのだろう。

志賀島の金印と日田の金銀錯嵌珠龍文鉄鏡は、台与の悲劇を裏付ける貴重な物証だと思う。

日本海勢力・台与の一行はどこに逃げたのか

ならば、彼らはどこに逃げたのだろう。

候補地はふたつある。ひとつは対馬だ。

奴国は阿曇氏の根城《ねじろ》であり、神功皇后は阿曇氏の土地に居着き、阿曇氏を頼った。王家と阿曇氏の姻戚関係は、ここから始まったのだと思う。

問題は、対馬と奴国の青銅器だ。広形銅矛《ひろがたどうほこ》が、奴国の阿曇氏のテリトリーだった対馬に集中している。工房があった奴国には希薄で、対馬で守られていたのだ。奴国の人々が、船に銅矛を積み込んで、逃げたのではなかったか。

北部九州で奴国は、銅矛を生産し、これを配付することでネットワークの盟主として地位と秩序を確立してきた。ところが、生産地の奴国よりも対馬に、圧倒的な数の広形銅矛が集まっていたのだった。また、対馬の青銅器の埋納の様子は少し変わっていて、鏡と剣と釧《くしろ》は有力者の権威を示す宝器《ほうき》だったが、広形銅矛の多くは

「呪術《じゅじゅつ》的祭器」として用いられていたという（永留久恵『海人たちの足跡』白水社）。

なぜ呪術的と判断されたのだろう。武末純一《たけまつじゅんいち》は対馬が朝鮮半島との境界線上にあって、青銅器を使った祭祀《さいし》をしていたのだろうと指摘している（『倭人伝の国々』小田富士雄編　武末純一・寺沢薫・平田定幸・宮崎貴夫・渡辺貞幸　学生社）。それもそうだが、しかし、対馬に逃げた奴国の人々にとって、仮想敵はむしろ南側から追ってくるヤマト勢力でもあったと思う。敗れて逃れてきた奴国の貴種たちが、ヤマトのパワーを、呪術によってはね返そうとしたのではなかったか。

敗れた台与たち（もともとヤマト政権の構成員だった日本海勢力と、ヤマトに組み込まれた北部九州＝倭国が手を組んで成立した運命共同体）は、幾手にも分かれて「ちりぢりに」逃げていただろう。対馬だけではなく、海人のネットワークを頼り、南に向かった人たちもいたはずだ。弥生《やよい》時代から南西諸島と南部九州、さらに北部九州や朝鮮半島、日本海に続く海人たちの「貝の道（交易路）」は、完成していたのだ。

じつは、トヨの国（豊国）からニニギが天孫降臨したという『風土記』の記事はすでに紹介してある。この話、天孫降臨の真相を解き明かすヒントではあるまいか。

南に逃げた人たちの天孫降臨神話

『日本書紀』の天孫降臨は、出雲国譲《いずもくにゆず》りに勝利した天上界の神々が、地上界に末裔《まつえい》を支配者として送り込んだというストーリーだが、なぜ降り立ったのが北部九州ほど発展していなかった南部九州なのか、これまで謎とされてきた。しかし、天孫降臨は敗れた者の逃走劇とみなせば、謎は氷解する。

アマテラスの孫・ニニギ（天津彦彦火瓊瓊杵尊《あまつひこひこほのににぎのみこと》）は天上界から天八達之衢《あまのやちまた》を経《へ》て、高千穂に舞い下りた。ただし、これはまさに神話であって、問題は、高千穂からどこに行ったかが問題となる。『日本書紀』は、「歩いて笠狭碕（野間岬）に行った」と言っている。歴史としての天皇家のその第一歩は、野間岬から始まると考えてよい。

これまで、野間岬はまったく無視されてきた。しかし、江戸時代の中国の商船は、野間岬を目指して航海をした。野間岳《のまだけ》が見えた瞬間、「日本に到着した」と安《あん》堵《ど》したのだと言う。逆に、北部九州から九州西岸の多島海の海岸線に沿って南下すれば、自ずと野間岬の出っ張りにたどり着く。

貝の道もまさに、南西諸島から野間岬を経由して九州島の西岸を北上し、朝鮮半島や日本海方面に運ばれていたのである。

奴国の阿曇氏は、日本を代表する海人であり、強みはそのネットワークの広がりにあった。北部九州を追われた彼らは、海人たちに助けられ、南部九州に導かれたのだろう。

くどいようだが、皇祖神《こうそしん》たちは、天孫降臨神話や日向神話の中で、海神の娘たちと結ばれ、神武天皇が生まれている。天皇家と海人や海神の不思議なつながりは、創作されたと信じられているが、これは事実だったように思えてならない。舞台が野間岬だったところに、リアリティが隠されていた。

野間岬は、陸の人間にとっては辺鄙《へんぴ》な土地だが、海人にとっては、「灯台」「目印」「止まり木」であり、「日本にやってきたことを実感させる安堵の地」だった。

敗れた奴国の人々や神功皇后ら一行も、海人の楽園にたどり着き、ようやく「逃げおおせた」と、胸をなでおろしたことだろう。

縄文《じょうもん》時代の常識を覆した上野原《うえのはら》遺跡

そこで少し、倭の海人について、説明しておきたい。

かつて倭の海人は、多くが渡来《とらい》系と考えられていた。

中国には「南船北馬《なんせんほくば》」という言葉があって、北側の地域は馬が活躍し、南側の河川と森に囲まれた地域では、船が発達していた。倭の海人は、中国南部の人々が朝鮮半島や日本列島にやってきたのではないかとする説があり、有力視もされていたのだ。

たとえば鳥越憲三郎《とりごえけんさぶろう》は、長江《ちょうこう》下流域や山東《さんとう》半島の一帯に住んでいた人々が「倭族」だという。彼らは紀元前四七三年に呉《ご》国が滅んだ時に亡命して、稲作文化を携《たずさ》えて朝鮮半島や日本列島に移り、倭人になったと言うのである（『古代朝鮮と倭族』中公新書）。

しかし、倭の海人の歴史は、縄文時代までさかのぼる可能性が高まってきた。しかも、天孫降臨の舞台となった地域と海人が、強く結ばれていたのである。

縄文時代は東国に人口が密集していたし、東国で文化が発展したと信じられてきた。ところが、鹿児島県の上野原遺跡（霧島《きりしま》市国分《こくぶ》）で、意外な遺物がみつかった。遺跡は、鹿児島湾を囲む始良《あいら》カルデラ（約二万九千年前に出現）の火口壁に位置する。桜島《さくらじま》を望む、標高約二六〇メートルの上野原台地の先端部に位置する。縄文早期前葉から栄えた遺跡で、当時の最先端を走っていたことがわかってきた。一度消滅するも、近世まで続く複合遺跡となった。

縄文早期前葉の竪穴《たてあな》住居跡もみつかり、安定した定住生活が始まっていたことがわかった。縄文土器の様式も画期的だった。普通、縄文早期には、底の尖《とが》ったものが用いられ、前期に平底になるが、上野原では、縄文早期の段階で、すでに貝殻文様をあしらった平底で円筒形の土器を用いていた（貝殻文円筒形土器文化《かいがらもんえんとうがたどきぶんか》）。石蒸し料理のための施設と薫製《くんせい》料理施設もみつかっている。保存食を作っていたことがわかる。縄文早期後葉の集石遺構も確認されている。これは石蒸し炉で、葉っぱに魚などをくるんで、焼いた石の中で蒸し焼きにする。南洋のニューギニアなどで今も行なわれる調理法だ。

南さつま市栫《かこい》ノ原《はら》遺跡からは、世界最古級の丸木舟製作工具（丸ノミ形石斧《せきふ》）が

（国土地理院：陰影起伏図を加工して作成）

出土している。この石斧も、のちのち重要な意味を持ってくる。

上野原遺跡も栫ノ原遺跡も、縄文時代の常識を打ち破ったという点で、貴重な遺跡なのだ。南部九州に「早咲きの縄文文化」がもたらされていたことがわかったのである。

ただし、南部九州の縄文文化は、突然消滅してしまう。約七千三百年前（暦年補正）に、鬼界《きかい》カルデラが大爆発を起こし、多くの人が南方に、また、日本各地に散らばっていき、先進の文化もまた拡散していった。南部九州に人が戻ってくるのは、数百年後のこととされている。

倭の海人は南からやってきた？

それにしても、なぜ鹿児島県で、最古級の縄文文化が花開いたのだろう。彼らはどうやら南方から海を渡ってやってきたようなのだ。話はものすごくさかのぼる。

アフリカを飛び出した新人（ホモサピエンス）は、各地に散らばっていったが、南経由の人々は、タイランド湾から南シナ海にかけてかつて存在した広大な平野・

スンダランド（今は海に沈んでいる）にたどり着いた。そして、今から五万〜四万年前にスンダランドを飛び出した人々が、琉球列島経由で日本列島に流れ込んでいた。これが、旧石器人である（北側からも流入しているが）。

一万数千年ほど前から続く温暖化によって、海面が上昇した。スンダランドの多くの住民が海に投げ出され、その中の一部が、直接船に乗って、鹿児島県に漂着したとする説がある（小田静夫『遥かなる海上の道』青春出版社）。彼らが上野原遺跡にやってきたようだ。

スンダランドの人々のY染色体は「C系統」で、アフリカを一番早く飛び出した人々だ。そのうち、C3系統は東アジアに多く散らばっていて、日本にもやってきたが、C1系統は、日本だけに住む特殊な人々だ。おそらく、スンダランドから寄り道せずに、船を漕《こ》いで直接日本列島にやってきたと考えられている。それがまさに、上野原遺跡の縄文人だった可能性がある。しかも、彼らが「倭の海人」の御先祖様でもある。

ちなみに、小山修三《こやましゅうぞう》は、伊豆諸島の縄文遺跡から土器や石器など生活の道具に混じって、犬や猪の幼獣の骨がみつかっていることに着目した。南方のポリネシアやミクロネシアの人々が島に植民する際の基本セットだったと言う。移住したあとの蛋白源《たんぱくげん》に、動物を舟に載せていったと言うのだ（『日本人のルーツが分かる本』〔逆転の日本史〕編集部編　洋泉社）。

倭の海人は南のスンダランドからやってきて、各地に拡散したのだろう。『播磨《はりまの》国風土記《くにのふどき》』賀毛郡《かものこおり》山田《やまだ》の里《さと》の条に、「日向の人（九州の隼人《はやと》）が、アマテラスを奉祀《ほうし》した舟にイノシシを載せてやってきた」と記録されている。山田の里を下賜《かし》され、「猪飼野《いかいの》」という地名になったと言う。つまり、隼人が播磨に定着し、猪を飼い始めたわけだ。

『肥前国風土記《ひのみちのくにのふどき》』松浦郡《まつらのこおり》値嘉《ちか》の郷《さと》（長崎県の五島《ごとう》列島）の条には、興味深い記事が載る。

その白水郎《あま》（海人）は、馬と牛をたくさん飼っている。（中略）この島の海人は、容貌《ようぼう》が隼人に似ていて、騎射《うまゆみ》を好み、言語は肥前国の人とも違う。

五島列島の海人は牛や馬を多く飼い、隼人に似ていると言う。言葉も変わっていて、馬に乗って弓を放つと言うのだ。海人が馬を飼うのは、舟に載せて移動し、上陸後、馬に舟を曳《ひ》かせ、川を遡上《そじょう》する目的があった。在来種の馬がこぞって小振りなのは、海人の伝統を継承したからだろう。五島列島の人々の容貌が隼人に似ていたのは、九州島の西海岸を、南部九州の海人たちが盛んに移動していたからだろう。

もちろん、弥生時代以降に渡来系の海人族が日本列島に進出していた可能性を否定するわけではない。しかし、日本の海人の原点が縄文系だったことは確かだろう。「魏志倭人伝」に、倭の海人が文身《ぶんしん》（入れ墨）をしていると記録するが、その文身の文様が、縄文時代から古墳時代に至るまで、系統だって継承されていたこともわかってきた。

南九州の海人族・隼人と王（天皇）家の強い絆

邪馬台国や天孫降臨の謎を解くために、海人にこだわるのは、倭の海人を代表する勢力に北部九州の阿曇氏がいて、南部九州には隼人がいたこと、どちらも天皇家の祖と強く結ばれていたからだ。

そこで今度は、少し、隼人（熊襲）と天皇について考えておきたい。

一般に隼人や熊襲と言えば、王家にまつろわぬ朝敵《ちようてき》のイメージが強い。それは、『日本書紀』の中でさんざん「熊襲征伐」の記事が出てきて、また八世紀に律令制度が整ったあと、現実に隼人征伐が行なわれたからでもある。

しかし、これは『日本書紀』の仕掛けた情報操作によって、隼人の地位が著《いちじる》しく低下した結果なのだ。隼人と天皇家の絆の強さを、藤原不比等《ふじわらのふひと》は嫌っていた。

たとえば、海幸山幸神話の中で、天皇家の祖の彦火火出見尊《ひこほほでみのみこと》（山幸彦）は兄の火《ほの》闌降命《すそりのみこと》（海幸彦）にいじめられて仕返しをするが、火闌降命は隼人の祖だと『日本書紀』は言う。仲が悪かったとはいえ、天皇家と隼人は神話の中で遠い親戚だった。この設定、ただの創作とも思えない。

一連の神話を、隼人が天皇に仕《つか》える起源を説明したものと、通説は軽視するが、天皇家と隼人の絆は、想像以上に深い。

時間を少しさかのぼらせよう。天上界から舞い下りたニニギは、野間岬に着くと国神《くにつかみ》に、

「ここに国はあるか」

と尋ねる。

「ございます。どうか御心のままにゆっくりされて下さい」

と申し上げた。そこで、ニニギは棲《す》みついた。また、その国に美人がいたので、娶った。天神《あまつかみ》の大山祇神《おおやまつみのかみ》の娘だった。名は鹿葦津姫《かしつひめ》（別名・神吾田津姫《かむあたつひめ》、木花《このはな》之《の》開《さく》耶姫《やひめ》）といった。二人の間に火闌降命、彦火火出見尊、火明命《ほのあかりのみこと》が生まれた。ちなみに、火明命は東海の雄族《ゆうぞく》・尾張《おわり》氏の祖だ。

『日本書紀』は、鹿葦津姫は「天神の娘」だったと強調するが、本当は（神話が何かしらの事実を反映しているのなら）、隼人の土地の娘を娶ったのだから、自然に考えれば、隼人系の女性だろう。

『日本書紀』清寧《せいねい》元年冬十月九日条に、次の記事が載る。


雄略《ゆうりやく》天皇を御陵《ごりょう》に葬《ほうむ》った。時に隼人は、昼も夜も陵《みささぎ》の脇で大声を出して泣き、食事も断《た》ち、七日で亡くなった。


履中《りちゅう》即位前紀にも、王家に忠実な隼人の話が記録されている。

隼人は天皇に近侍《きんじ》し、大嘗祭《だいじょうさい》でも重要な役割を果たした。他の豪族には考えられないほどの厚遇だ。常に隼人は天皇を守っていたのは、両者の間に、絶大な信頼関係があったわけで、ただ通説が考えるような「征服して服従させて身辺を守らせた」という強圧的な関係とは意味が違う。

もし仮に、邪馬台国畿内論者が言うように、三世紀のヤマトの纏向に多くの人々が集まり、王家が担《かつ》ぎ上げられたとして、なぜこのあと、王家と隼人の間に、信頼関係が生まれたのだろう。九州の人々は、ほとんど纏向の時代にやってきていないことがわかっている。

零落《れいらく》した王家の祖を守り続けた隼人

ここで「奴国と神功皇后（台与）がヤマトに裏切られ、南部九州に逃亡したあと、彼らはどうなってしまったのか」、その結論をそろそろ出したいのだが、その前に、神功皇后らが南部九州に逃れたという私見を、改めてまとめておこうと思う。

弥生時代後期にもっとも栄えていたのは北部九州で、日本海側にも鉄器は流れていた。北部九州は畿内から東に鉄が流れることを嫌い、出雲と手を組み、関門海峡と明石《あかし》海峡を封鎖したが、出雲の圧力を嫌ったタニハが、近江や東海と交易を始め、ふたつの地域は力をつけ、ヤマト（奈良）の盆地に進出した。これでパワーバランスが崩れ、吉備と出雲がヤマト建国に参画する。北部九州沿岸部はヤマトに靡《なび》いたが、筑後川左岸域の「反ヤマト・倭国連合」の女王卑弥呼は、朝鮮半島に進出してきたばかりの魏に使者を送り、「われわれがヤマト」と偽《いつわ》った。そこでヤマトは、神功皇后らを派遣する。

ヤマトの王家の祖は神功皇后で、彼女は台与であり、ヤマトから北部九州に遣《つか》わされ、邪馬台国の卑弥呼を倒し、成り行き上倭国の女王として君臨した。しかし、ヤマトとの間に生まれた疑心暗鬼によって、一触即発の事態を招いた。瀬戸内海勢力と日本海勢力の主導権争いもからみ、瀬戸内海勢力は日本海＋北部九州勢力をバックボーンとした神功皇后（台与）を裏切り、日本海勢力も没落した。そして不意打ちを食らい敗れた神功皇后は、奴国の阿曇氏らの海人のネットワークを頼りに、九州島西岸を南下し、南部九州の野間岬に逃れ、隼人らの社会にまぎれこんだ……。

述べてきた仮説はここまでで、敗れて南部九州に逃れた王家の祖が、その後どうしてヤマトに向かったのかについては、このあと詳しく触《ふ》れる。まずここではっきりさせたいのは、南部九州の隼人の立場だ。

隼人たちは、ヤマトの貴種が逃げてきた時、困惑したはずだ。すでに、ヤマト政権は日本列島の広い地域と交渉を持ち、前代未聞の広域連合を構築しつつあった。海人の隼人たちは、その情報をしっかりと持っていただろう。

ヤマト政権は内部分裂し、片割れが北部九州で敗れ、その「負け組」が助けを求めて流れ着いたのだ。彼らを捕縛し、「勝ち組」に送り届けることも可能だし、手柄にもなっただろう。しかし、彼らは、「負け組」を匿《かくま》い、婚姻関係も結んだ。賭けに出たというべきか、あるいは、海人の紐帯《ちゆうたい》の強さなのだろうか。そのあとの歴史を知っているから（ヤマトになぜ君臨できたのかは、このあと話す）、隼人の行動は不思議でもなんでもない。しかし、逆に王家にとってみれば、零落して逃げてきたのに、助けてくれた隼人たちにどれだけ恩を感じただろう。

八世紀に隼人が背いたと言い、征討軍が送り込まれるのは、藤原氏が隼人を邪魔にしたというのがひとつの原因だろう。天皇が絶対の信頼を寄せていた隼人の力を削ぎたかったのだろう。

大伴《おおとも》氏も王家の祖と強く結ばれていた

隼人だけではなく、九州から神武天皇に従ってヤマト入りした人々は、やはり王家と強く結ばれていた。その代表的な存在が、大伴氏である。

隼人や大伴氏と天皇の強い絆を見るにつけ、天孫降臨と神武東征が創作だったとは思えなくなってくるのだ。

大伴氏の遠祖は天忍日命《あまのおしひのみこと》だ。『日本書紀』神代《かみのよの》下《しものまき》第九段一書第四に、天孫降臨の異伝があって、天忍日命がニニギに随行していたことが記されている。来目部《くめべ》の遠祖・天槵津大来目《あめのくしつおおくめ》を率《ひき》いて武装し、先払いをし先導し、高千穂に舞い下りたというのである。

『古事記』にも、天忍日命と天津久米命《あまつくめのみこと》（天槵津大来目）の二人は数々の武器を帯びて、先頭に立って先導したとある。

神武東征でも、大伴氏の祖は活躍している。瀬戸内海からのヤマト入りをナガスネビコに阻まれて、神武一行は紀伊半島に迂回する。途中道に迷ったが、頭八咫《やたの》烏《からす》が現れた。大伴氏の遠祖・日臣命《ひのおみのみこと》は、大来目を率いて将軍となり、山を踏み分け、頭八咫烏を追った。すると菟田《うだ》の下県《しもつあがた》（奈良県宇陀《うだ》郡）に出た。神武天皇は日臣命に「汝《なんじ》は忠実で武勇の臣だ。導く功績があった。だから、名を改め、道臣《みちのおみ》（命）とする」と褒《ほ》め称《たた》えた。

このあとも、道臣命は大活躍し、神武をヤマトに導いている。紀伊半島に入ってから先、神武一行がヤマト入りに成功したのは、道臣命の活躍抜きには考えられないほどだ。

大伴氏は、平安時代の応天門《おうてんもん》の変（八六六）で没落するが、反藤原派の貴族（豪族）として最後まで戦った人たちで、奈良時代にも悲惨な思いをしている。藤原氏は他者との共存を拒《こば》んだから、旧豪族たちは、次々と葬り去られていったのだ。

天皇家も、大伴氏を特別視していた。奈良の大仏を造った聖武《しょうむ》天皇は、天平《てんぴょう》勝《しょう》宝《ほう》元年（七四九）四月一日に、東大寺《とうだいじ》に行幸《ぎょうこう》し、宣命《せんみょう》を読み上げさせたが、その中で大伴氏と同族の佐伯《さえき》氏を褒めそやしている。

常に述べているように、（大伴と佐伯は）天皇の朝廷《ちょうてい》を守り、仕え、奉《たてまつ》ること、自身の身命《しんめい》を顧《かえり》みない人たちだから、汝たちの、祖らが言い伝えてきた「海行《うみゆ》かばみづく屍、山行《やまゆ》かば、草むす屍、王《おおきみ》の辺《へ》にこそ死なめ、のどには死なじ」と、言い伝えている人たちとお聞きになっている（歌の大意は「海で戦えば、水につかる屍《かばね》に、山で戦えば、草の生える屍になろう。大君の傍《かたわ》らで死のう。穏やかには死ぬまい」）。そこで、遠い昔の天皇の代から今に至るまで、天皇をお守りする兵士と思ってお使いになる。

そして大伴氏と佐伯氏の男女に、位階《いかい》を授けられている。大伴氏と佐伯氏は、自身の危険も顧みずに、王家を守ってきたという。

藤原不比等が邪馬台国を隠したかった動機とは

これほど、具体的に褒め称えられた豪族は、他に例を見ない。

日本初の本格的な都城《とじょう》は新益京《あらましのみやこ》（いわゆる藤原京《ふじわらきょう》。奈良県橿原《かしはら》市。ただし、「藤原宮（京の中心部）」はあったが「藤原京」とはどこにも書かれていない。正確には「新益京」」だが、宮城《きゆうじよう》の一二の門（東西南北四面に三つずつ）それぞれに、「氏族の名」があてがわれた。その中でももっとも重要で権威ある朱雀門《すざくもん》を、新益京では、「大伴門」と呼んでいた。平安時代の弘仁《こうにん》九年（八一八）に、門号は廃止され、大伴門は朱雀門と呼ばれた。ただそれでも、朱雀門を警備していたのは、大伴氏だったようだ。

古代豪族の中でも、もっとも格式を誇り王家に近かった一族が、大伴氏なのだ。やはり大伴氏は、特別扱いされていて、だからこそ最後まで王家に寄り添い、藤原氏と対立していたと思われる。藤原氏は王家に近しい大伴氏が、邪魔でしかたなかっただろう。王家を私物化したかったからだ。

聖武天皇の時代をピークに、独裁権力を握った藤原氏と王家は、暗闘をくり広げていた（拙著『天皇家と古代史十大事件』ＰＨＰ文庫）。邪馬台国とはまったく関係ないはずの奈良時代の歴史だが、藤原不比等ら藤原氏が、邪馬台国とヤマト建国の真相を抹殺《まっさつ》した張本人であり、なぜ歴史は改竄《かいざん》されたのかを知るためにも、大伴氏や隼人の「その後」を、確かめておく必要がある。藤原不比等が歴史改竄をする動機は、七世紀から八世紀の政争の中に隠されていたわけだ。

『万葉集《まんようしゅう》』巻二十―四四六五に、大伴家持《やかもち》の「族《やから》を諭《さと》す歌一首」がある。八世紀半ばの歌だ。

当時、政界は揺れに揺れていた。超法規的手段を駆使して（脅し、暗殺などなど）独裁権力を握ろうと暗躍する藤原氏に対し、旧豪族は反発し、極度な緊張状態にあった。

ちょうどその時、大伴氏の中には、過激に運動する者も現れ、大伴家持は一族に自重を求めて歌を作ったのだ。

「ひさかたの　天《あま》の門《と》開き」と、天孫降臨神話を歌で語り、「大久米《おほくめ》の　丈夫健男《ますらたけを》を　先に立て」と、大久米命を先駆けに立て、荒れ狂う神を鎮《しず》め、まつろわぬ人々を和し、掃き清め仕えてきたと語り、「大伴氏は神代から天孫に仕えてきた名門豪族なのだから」と強調している。その上で、次のように続ける。

　君の御代《みよ》御代　隠さはぬ　明《あか》き心を　皇辺《すめらべ》に　極《きは》め尽して　仕《つか》へ来る　祖《おや》の職《つかさ》と
言立《ことだ》てて　授け給《たま》へる　子孫《うみのこ》の　いや継ぎ継ぎに　見る人の　語りつぎてて　聞く

人の　鏡にせむを　あたらしき　清きその名そ　おぼろかに　心思ひて　虚言《むなこと》も
祖《おや》の名断《なた》つな　大伴の　氏《うぢ》の名に負へる　大夫《ますらを》の伴《とも》

（大意）われら大伴は、君の御代御代、曇りのない心を大君のもとに捧げ、仕えてきた職だと、授けられた、清らかな名である。子孫の絶《た》えることなく、見る人が語りつぎ、聞く人の鏡（手本）となる誉れある清いその名である。ぼんやりと軽々しく考え、先祖の名を絶やしてはならない。大伴の氏の名に持つますらおたちよ。

これだけでは終わらない。同巻四四六六と四四六七の歌がある。

磯城島《しきしま》の　大和《やまと》の国に　明《あき》らけき　名に負ふ伴《とも》の緒《お》　心つとめよ
（大意）大和の国に、隠れもない名を負う大伴の一族よ、心努めよ、怠るな。

剣《つるぎ》大刀《たち》　いよよ研《と》ぐべし　古《いにしへ》ゆ　清《さや》けく負ひて　来にしその名そ
（大意）さらに研ぎ澄ませ、昔から清く負ってきたその名であるぞ。

名門中の名門である「大伴氏」の名を絶やしてはならぬと、大伴家持は必死に、同族に「ここは、おとなしくしていよう」と自重を促し、それはなぜかと言えば、「王家のために、さらに努力を惜《お》しまないためだ」と、語りかけたのだ。

ここで特記すべきは、大伴氏が自家の活躍を天孫降臨にさかのぼって喧伝《けんでん》し、誇りにしていたことである。

やはり、他の古代豪族の中で、ここまで歴史と王家とのつながりを強調する氏族は、他にはいないのである。

ヤマトが震《ふる》え上がった祟《たた》り

なぜ邪馬台国の話なのに、大伴氏や隼人と王家（天皇家）のつながりに注目するのか、不思議に思われよう。

しかし、大伴氏や隼人と天皇家の強い絆は、天孫降臨神話や日向神話を史実と想定しなければ、理解できないからである。

ここで、強調しておきたいのは、黎明期のヤマトの王家は祭司王《さいしおう》で（なぜそうなったのかについては、このあと触れる）、弱い王だったこと、それでも大伴氏と隼人は天皇を見捨てなかったことである。

南部九州で王家の祖と苦楽を共にしてきた（臥薪嘗胆《がしんしょうたん》という言葉がふさわしい）大伴氏や隼人たちは、神武天皇に随伴してヤマトに乗り込んだあとも、活躍する場は限られていただろう。それでも、大伴氏や隼人は、天皇を守り続けたのだ。

王家と彼らの信頼関係の強さは、こうした歴史によって裏付けられていたのであって、大伴氏が盛んに『万葉集』に王家との関係を強調する歌を作り続けたのも、神話や神武東征が絵空事ではなく、苦難に満ちた王家の歴史が隠されていたことを示していたのである。

なぜこれほど、神武東征と大伴氏や隼人にこだわったかと言えば、それは、北部九州で神功皇后がヤマトに裏切られ、あわてて敗走したという、その事件が本当に起きていたことの証拠を、ひとつでも提示したかったからだ。

そこでいよいよ、なぜ敗れて南部九州に逃れた神功皇后の子や末裔が生き残り、しかも神武の代に（応神天皇でもある）、ヤマトに向かい、王に立てたのかを、明確にしてみせよう。

敗者・台与の子孫がヤマトに返り咲いたのはなぜか

ヒントは、実在の初代王と目されている第十代崇神《すじん》天皇の時代にある。『日本書紀』の記事だ。

崇神五年、国内に役病《やくびょう》（疫病《えきびょう》、流行病《はやりやまい》）が蔓延《まんえん》し、人口が半減するほどの猛威を振るった。翌年には、民《たみ》が離散し、背く者も現れた。天皇の徳をもってしても、その勢いを止めることはできなかった。そこで崇神天皇は、朝から晩まで政務に励まれ、天神地祇《てんじんちぎ》に謝罪をした。これより前、天照大神と倭大国魂《やまとのおおくにたま》の二柱《ふたはしら》の神を、天皇の御殿《ごてん》でお祀りしていたが、神威が恐ろしく、別の場所に神籬《ひもろぎ》（聖域）を造り、巫女《みこ》に託《たく》し祀らせた。

崇神七年春二月、詔《みことのり》して、次のように語った。

「昔、わが皇祖《すめみおや》は大きな国家の基礎を築き、神聖な業はいよいよ高く、天皇の徳風も盛んになった。しかし今、わが治政下において、思いもよらす、しばしば災害に襲《おそ》われている。善政がないため、天神地祇のおとがめを受けているのではあるまいか。そこで、占いをして、原因を確かめてみたい」

こう言って、八十万《やおよろず》の神々を集めて、占い問うた。すると倭迹迹日百襲姫命《やまとととびももそひめのみこと》に神が憑依《ひょうい》し、「私を祀れば天下は鎮まる」と言うので、神の名を問うと、「ヤマトの国の中の大物主神《おおものぬしのかみ》」だと言う。そこで大物主神を祀ってみたが効《き》き目がない。そこでもう一度占ってみると、大物主神は、次のように告げた。

「国が治まらないのは私の心によるものだ。もしわが子の大田田根子《おおたたねこ》をして私を祀らせれば、たちどころに平穏が訪れるだろう。また、海の外に国があり、その国も自ずと帰順してくるだろう」

崇神天皇は言われた通りに行動した。大田田根子を探させ、茅渟県《ちぬのあがた》（大阪府堺《さかい》市から和歌山県境付近）の陶邑《すえのむら》（堺市）でみつけた。大物主神と活玉依媛《いくたまよりひめ》の間の子だという。そこで、大物主神を祀らせた。すると、疫病はなくなり、平穏を取り戻し、五穀も実り、豊穣《ほうじょう》がもたらされた……。

史学界は、この説話を歴史とみなすことはない。しかし、歴史解明の重大なヒントが眠っている。たとえば、疫病は祟り神がもたらすと信じられていたのだから、政権側に「何か心当たりがあった」ことを示している。しかも『日本書紀』は、当時の政権が、「この恐ろしい事態は、大物主神の仕業《しわざ》に違いない」と、すぐわかっていたことを示している。非科学的としても、そのように当時の人々が信じたことに大切な意味が隠されていたわけである。

祟る大物主神は「出雲」ではなく敗れた日本海勢力の神

邪馬台国の真相を知るために、話は遠回りをしている。

出雲の国譲り神話の直前の話もしておかなければならない。

大己貴神《おおなむちのかみ》（大国主神《おおくにぬしのかみ》）が浜辺で逍遙《しょうよう》していると、大物主神が現れ「私がいなければ、出雲は建国できなかった」と言い、「私はあなたの幸魂《さきみたま》・奇魂《くしみたま》だ」と告げ、「ヤマトで祀られたい」と、告げたのだった。そこで、大物主神はヤマトの三輪山《みわやま》（桜井市《さくらいし》。纏向のお膝元）に祀られるようになった……。

もちろん、この神話も無視されている。しかし、興味深いことがいくつもある。まず、大物主神は、だれよりも早くヤマトにやってきて、纏向遺跡の目の前にそびえる神体山・三輪山に鎮座していたと、『日本書紀』は認めている。

さて、大物主神は出雲神《いずもしん》だと、みな信じている。しかしこの神は、神話とヤマト建国説話にまったく登場しなかった地域の出身だった可能性も高い。「神話の出雲」は、「旧出雲国」という狭い地域の話となっているが、実際には、日本海側全体と考えた方が、わかりやすい。大己貴神＝大国主神＝大物主神と『日本書紀』は言うが、「国の主（大国主神）」と「物（モノは鬼であり神でもある。モノの意味に関しては、拙著の中で説明した。『縄文文明と中国文明』ＰＨＰ新書）の主＝大物主神」では、格が違う。国を治めるのが大国主神であり、鬼や神の頂点に立っていたのが大物主神ということになる。ただの出雲土着の神ではない。

大物主神は神の中の神だから、ヤマトの最高の霊山・三輪山に祀られたのだ（くどいようだが、大物主神は「モノ＝鬼であり神」の中の神だからだ）。

大物主神は、日本海側出身の神の中の神であり、その神は、祟る恐ろしい神（鬼）でもある。祟るパワーが強ければ強いほど、人々に恐れられ、手篤く祀られる。大物主神が祟る恐ろしい神だったことは、むしろ必然とさえ言える。

問題は、最初から大物主神がヤマトの「神の中の神」になっていたわけではないことなのだ。人々の営《いとな》みの中で、争いが起き、裏切り、傷つけ合い、恨みを買い、祟りを恐れる何かの事件が起きていたのだろう。その当事者が大物主神であり、政敵の王だった可能性が高い。人口が半減するほどの祟りに、ヤマトの為政者《いせいしゃ》（具体的には崇神天皇一派）たちは震え上がったのだろう。

すでに述べたように、ヤマト建国後の主導権争いの中で、ひとり勝ちしたのは瀬戸内海勢力で、敗れたのは北部九州と日本海勢力であった。日本海勢力を『日本書紀』は、「出雲」と括《くく》って神話にしたのかもしれない。出雲の国譲り神話も、そう考えるとヤマト建国後のヤマト政権の内紛《ないふん》だった可能性が出てくる。出雲の敗北と国譲りは、日本海勢力の敗北であろう。出雲の国譲りを成功させたのに皇祖神が南部九州に舞い下りるのは、皇祖神が本当は、「敗れた日本海側の人々（『日本書紀』の言う出雲）」だからだろう。

ところで、出雲の国譲りに活躍する神は、経津主神《ふつぬしのかみ》と武甕槌神《たけみかづちのかみ》なのだが、主役の経津主神は物部系の神だ。そして、すでに触れたように、物部氏は大阪府八尾市付近から生駒山周辺に拠点を作り、瀬戸内海からヤマトに乗り込んだ一派と考える。物部氏は吉備系だろう。瀬戸内海勢力の物部系の神・経津主神が出雲征討で大活躍しているのは、当然のことだった。

崇神と神武は別系王家の同時代人

そこで興味深いのは第十代崇神天皇で、母は物部氏の遠祖・大綜麻杵《おおへそき》の娘の伊香色謎命《いかがしこめのみこと》だ。さらに、崇神天皇の父・開化《かいか》天皇の母は、物部系穂積《ほづみ》氏の遠祖・鬱色《うつしこ》雄命《おのみこと》の妹の鬱色謎命《うつしこめのみこと》で、「実在の初代王＝崇神天皇」は母も祖母も物部系なのだ。これは、崇神天皇自身が物部系だったことを暗示している。

『日本書紀』は、神武天皇がヤマトに入るよりも早く、物部氏の祖のニギハヤヒがヤマトに君臨していたと記すが、ニギハヤヒこそ、本当のヤマトの初代王であり、崇神天皇のモデルだろう。

崇神天皇がヤマトで権力を握っていたのは、北部九州の神功皇后（台与）を裏切り、破ったからだろう。神功皇后と敗れた貴種たちは、南部九州に逼塞《ひっそく》し、ヤマトを呪《のろ》い、復活の日を願ったのだろう（あるいは、ヤマト側が神功皇后らの呪いを想定し、恐れた）。

ヤマト政権を揺さぶるような疫病が蔓延して、崇神天皇（ニギハヤヒ）は狼狽《ろうばい》し、日本海側の祟る神・大物主神を丁重に祀ろうとしたに違いない。

では、大物主神の子の大田田根子とは、何者なのだろう。この人物こそ、神武天皇ではなかったか。

大物主神が祀られる三輪山の山頂には、高宮《こうのみや》神社が祀られ、御祭神はあまり聞き慣れない日向御子《ひむかのみこ》だ。通説は三輪山が太陽信仰の山なので、「日に向かう神」をイメージする。しかし、それならなぜ、「日向神」と呼ばず、「御子」を名に当てたのだろう。

古代人は子供を神（鬼）と同等のパワーを持つ恐ろしい存在と考えた。祭りの先頭に「お稚児《ちご》＝童子」が立つのは、鬼の力を借りていることを意味する。「童子・童女」「稚《わか》」「若」は、祟る神（鬼）でもある。

大田田根子が今、若宮社《わかみやしゃ》に祀られているのは、大物主神の子だから「若」なのではなく、大田田根子自身も、祟る神（若、稚、童子）で、だからこそ、大物主神の祟りをねじ伏せる力を持っていたのだと思う。

そして日向御子も、「日向（南部九州）の御子＝日向からやってきた御子＝鬼」であり、崇神天皇は日本海勢力や北部九州で敗れた人たちの恨みを払うために、南部九州に逃れた神功皇后の末裔の鬼を、呼び寄せたのではないか。つまりそれが、神武天皇である。

第十代崇神天皇と初代神武天皇（＝応神）は通説の言うような同一人物ではなく、同時代人だろう。そして、日本海勢力（大物主神）の祟りを恐れた崇神天皇は、南部九州から日向御子＝神武天皇を呼び寄せ、祟る神を祀る祭司王に立てたのだろう。これが権力を持たされない「天皇」の原型となった。

ところで崇神天皇と子、孫たちヤマト黎明期の王たちは、纏向やそのすぐ近くに宮を構えたが、神武天皇は橿原宮（奈良県橿原市）を建てた。当時のヤマトの中枢・纏向から離れた場所だ。なぜ、纏向に入らなかったのだろう。

それは、神武自身が祟る神（鬼）だからだろう。そして、神武東征そのものも絵空事と考えられているから、「神武は橿原に宮を建てた」話は、無視されたままだ。

しかし、天孫降臨や日向神話、神武東征で活躍した大伴氏や隼人たちは、橿原の周辺に住みついている。これは、無視できない。橿原は、縄文時代から続く「邪神をはね返すための祈りの場」だったからだ。

古代の疫病は大陸や朝鮮半島からもたらされた。まず北部九州で流行り、それが波のようにヤマトに押し寄せる。ヤマトから見て西側は疫神の住む場所であり、根源をたどっていくと、北部九州で神功皇后らを裏切ったことに通じたのだろう。だから神武天皇は祭司王として、纒向から見て南西の橿原に拠点を構え、「西からやってくる疫神」から都を守ったのではなかったか。

邪馬台国論争よりもおもしろかったユニークなヤマト建国論

邪馬台国の話をするのに、なぜ最後に話は脱線し続けたのか。それは、これまで顧みられなかったヤマト建国と邪馬台国のつながり（あるいは考古学の進展によって一層わからなくなってしまったヤマトと九州の本当の関係）を明らかにしておきたかったからだ。そして、ヤマトの王家誕生の瞬間を、正確に再現したかったのだ。

特に、今まで無視されてきた『日本書紀』神話や神功皇后の活躍の中に、邪馬台国を解き明かすヒントが隠されていたのではないかと考えてみた。少なくとも、ヤマト建国に関しては、すでに考古学が、詳しいいきさつを解き終えていたのである。

そして、天孫降臨神話と日向神話の真相を明らかにすれば、邪馬台国がヤマトの神功皇后（台与）に攻め滅ぼされたこと、そして、そのあと、さらにヤマト連合内部で紛争が起きたこと、その上で、「権力をもらえない弱い王がなぜ生まれたのか」、その意味がはっきりすると思ったからだ。弱い王誕生の真相がくっきり、矛盾《むじゅん》なく説明できれば、邪馬台国とヤマト建国の真相と日本の天皇の正体は、解き終えたことになると信じたのである。

そして、「もはや邪馬台国論争に深入りする必要はない」と思うのは、ヤマト建国の考古学が、邪馬台国論争よりも重要な事実を、われわれに突きつけ始めているからだ。最後に語っておきたいのは、このことだ。

それは、ヤマト建国の過程で、じつにユニークな現象が起きていたからなのだ。世界史的にも珍しいことが、日本列島で起きていたのである。

邪馬台国論争にうつつを抜かしている間に、考古学者はとっくの昔に、もっと先に進んでいたのだ。どういうことか、説明していこう。邪馬台国論争よりも、ヤマト建国の歴史の方が、何倍もおもしろかったのである。

古代日本は後《おく》れていて、常に先進の文物は中国や朝鮮半島からもたらされたと、長い間信じられてきた。騎馬《きば》民族日本征服説も一世を風靡《ふうび》し、ヤマトの王家も渡来系の征服王と考えられていた。

ところが、考古学が進展してみると、ちょっと違う見方ができるようになってきた。

たとえば、稲作の始まりは炭素14年代法によって、紀元前十世紀後半までさかのぼることがわかってきた。かつては三世紀、五世紀と考えられていて、「稲作は渡来人の手であっという間に東に伝わっていった」と信じられていたのだ。ところが、北部九州に稲作が伝わってから関東に稲作が定着するまで、約七百年から八百年の年月を要していたことがわかってきた。現在から七百年前を考えてみると、鎌倉幕府の時代になる。ゆっくり、ゆっくり、稲作は東に伝わっていたのであり、渡来人の圧倒的なパワーを想定することは難しくなった。

弥生人＝渡来人と、かつては考えられてきた。昔の教科書には、土井《どい》ヶ浜《はま》遺跡（山口県下関市）でみつかった弥生時代の長身の人骨と背の低い縄文人骨が写真で並べられていて、「弥生時代に列島人は入れ替わった」かのような印象を受けたものだ。

しかし、稲作を受け入れたのは縄文人であり、渡来人が流入したあとも、縄文文化が新来の文化にすっかり入れ替わったわけではなかったことが、しだいに明らかになってきた。弥生的な縄文土器や縄文的な弥生土器が作られ、その境界線、時代の区切りは、曖昧《あいまい》で、「どこからが弥生時代なのか」は、大きな謎になってしまった。弥生時代になっても、縄文的な文化や習俗は揺り戻しを何度も起こし、結局縄文文化は日本文化の基層を形成していくようになったのである。

また、「弥生時代とは何か」を突きつめていって、その条件を厳密に定めてしまうと、本物の弥生時代は北部九州沿岸部と朝鮮半島南部にしかなかったことになってしまうのだという。

文明と進歩を拒んだ縄文人？

それにしても、なぜ稲作文化はなかなか東に広まらなかったのだろう。世界史レベルで見れば、新石器時代（日本では縄文時代）は、農耕の時代であり、文明が発達するものなのだ。ところが縄文人たちは、簡単な農耕を始めるも、本格的な水田稲作を行なわなかった。

かつては、技術力がなかったからだろうと考えられていたが、次第に、「縄文人が稲作や文明を拒み続けていた」とわかってきた。縄文人は朝鮮半島や大陸で、当時何が起きていたのか、情報を得ていて、「文明や稲作は狂気」と、悟っていたようだ。

オーストラリア人の考古学者（先史人類学）マーク・ハドソンは、縄文人がイデオロギー的に農耕を拒否していたのではないか、と推理した（『日本人と日本文化その起源をさぐる』ニュースレターNO．2　国際日本文化研究センター）。縄文人は、農業が文明と戦争を招き寄せることを、本能的に知っていたのかもしれない。

人類が戦争を始めたのは、農耕を始めたからだと言われている。農耕と冶金《やきん》と戦争はセットになっている。

文明が勃興《ぼっこう》すれば、冶金が発展し、人口が増える。すると農地が足りなくなり、近隣と争いが起きる。武器がさらに必要になり、冶金が活発化し、木材が燃料になり、森林は消えてゆく。やがて砂漠化が起こり、気候変動や飢饉《ききん》によってさらなる戦争が勃発し、殺し合いを経て、やがて文明は衰退し、砂漠だけが残される。

ところが中国文明の場合、文明の勃興と衰退を繰り返し、「消えない文明」を保ち続けた。これは、世界史的に見ても稀《まれ》なことなのだ。しかも、漢民族のY染色体は単純で、他者との共存を拒否した人々だった。広い中国に、漢民族だけが生き残ったのである。

なぜ中国文明は衰えないのか。その理由を筆者は「黄河《こうが》流域で栄えた文明が滅びると、人々は長江流域の森林地帯に逃げ込み、何度も復活を果たしたから」と、考える（『海洋の日本古代史』ＰＨＰ新書）。

『日本書紀』神話に、貴重な話が残っている。スサノヲははじめ朝鮮半島に舞い下り、その後日本にやってきたというのだ。この一節から、「スサノヲは渡来人」とする説も根強いが、それは勘違いだと思う。朝鮮半島南部の鉄の産地に、多くの人々が集まっていたことはすでに触れたが、鉄を求めた倭人のひとりが、スサノヲだろう。

ここでスサノヲは「朝鮮半島には金属の宝があるが、日本には浮く宝がなければならない」と言う。「浮く宝」は舟や建材などに使う木材を言っている。その上でスサノヲは日本列島に植樹を始めるのだ。これは、文明批判であり、森に守られる多神教世界の住民の鋭い洞察力と言わねばなるまい。

中国文明は、人間の欲望を無制限に拡大させる「箍《たが》の外れた文明」であり、これに恐怖した縄文人の末裔は、「文明や進歩に抗《あらが》う人々」になっていったようなのだ。

多神教と一神教の決定的な差

現代人の感覚で考えれば「文明や進歩を受け入れない」という発想は、なかなか信じがたい。しかし、多神教と一神教の差がわかれば、古代人の発想がわかってくる。そこで少し説明しておきたい。

多神教と一神教は、神の数が多いか少ないかという差があるだけではない。万物に精霊や魂が宿るというアニミズムが多神教に発展し、日本人は森羅万象《しんらばんしょう》に八百万の神々を当てはめていった。神はモノ（物質）に宿り、人々を苦しめる災害をもたらし、これを丁重に祀り敬《うやま》えば、幸《さいわい》をもたらす良い神となる。この場合、神とは大自然そのものとなる。だから多神教徒は、「なるべくモノを破壊しない、改造しない」ようにする。モノには神が宿るからだ。

これに対し、一神教の発想はまったく逆だ。唯一絶対の神が万物を創造し、人間は神に似せて創られたと信じる。だから人間は、神になりかわって大自然を支配し、改造できると考える。この延長線上に、現代の科学や哲学がある。また、人の理念や理想による統治システムを構築すべきと考えるから、共産主義もまた、一神教の一種（なれの果て）と考えられている。

一神教は多神教から進歩したのだから、多神教は時代後れだと考えられてきた。帝国主義の時代は、一神教（その中のキリスト教）が、野蛮《やばん》な多神教徒を教化し、一神教の高みに引き上げる義務があると、植民地化の正当性を主張していた。いまだにキリスト教世界が過去の植民地支配やその過程で起きた悲劇的なあれこれに謝罪せず、一部の地域で支配地を手放さないのは、そのためだ。

一神教が砂漠で生まれたのは、必然だった。砂漠は生物を拒絶する。それでも砂漠で暮らさねばならないのは、砂漠の民が豊穣の大地（楽園）を追われたからだ。彼らは政敵を呪い、復讐《ふくしゅう》を誓った。その正当性を「唯一絶対の神」に求めたのだ。だから、『旧約聖書』の中で、神自身が「私は復讐する」と宣言している。

文明が発展すると戦争が勃発し、憎しみが増幅され、みな、一神教的発想を抱《いだ》くようになっていく。今や、世界中がその文明の思想に染まってしまったかのようだ。ところが、「困ったことに？」日本人は、いまだに多神教的発想を捨てきれずにいる。それは、近代に至る直前まで、日本は海に守られていたからだ。ガラパゴス諸島のように、世界から見れば異質な、呑気《のんき》な発想を持っていても、滅ぼされることはなかったのだ。

また、古代人たちは、「文明や進歩を選択すれば中国のようになる」ことを知っていた。縄文時代から情報を得ていただろうし、新来の渡来人たちは文明と戦争の被害者で、その多くはボートピープルだった。独裁権力を握った皇帝の暴力に辟易《へきえき》して逃げてきた人たちだ。

徐福《じょふく》も、そうだ。秦《しん》の始皇帝《しこうてい》の圧政に苦しんだ徐福は「不老不死の薬を探しに行きます」と言って出発したが、おそらくこれは、始皇帝をだましたかったからだろう。

これまで、「渡来人によって先進の文物が日本にもたらされた」と、単純に信じられてきたが、渡来人たちは「文明と戦争はもうこりごりだ」と、列島人に語っていただろう。遣隋使《けんずいし》や遣唐使《けんとうし》が、中国から「自分たちが必要とするモノだけを持ち帰ってきた」ことはよく知られている。それは、「中国文明は反面教師」という共通認識が成立していたからだろう。文明の丸呑み、受け売りだけは、しなかったようだ。

森浩一《もりこういち》は『倭人伝を読みなおす』（ちくま新書）の中で、「西暦紀元頃から中国人は周辺の諸集団の中で、倭人は突出して勝《すぐ》れた集団とみていた節《ふし》がある」と述べている。たとえば『漢書《かんじょ》』地理志《ちりし》には、東夷《とうい》の天性は柔順だと記録されていて、他の化外《けがい》の民とは区別されている。孔子《こうし》も、中国の政治に失望し、道徳の行き届いた燕《えん》地でも乱れ始め、舟を浮かべて九夷《きゅうい》の地（中国からみて東方の国々）に行きたいと漏《も》らし、その中でも倭人に注目している。倭人が歳時《さいじ》をもって献見《けんけん》しているとある。

ちなみに、『漢書』地理志に「歳時をもって献見」していた国や集団はふたつだけで、もうひとつは東鯷人《とうていじん》だ。彼らを森浩一は五島《ごとう》列島、平戸島《ひらどじま》、天草《あまくさ》諸島などの島嶼《とうしょ》地帯を指していたとみる。

「魏志倭人伝」にも、東夷伝の中で倭人伝はもっとも多くの文字数で描かれている。だから森浩一は、「倭人は中国周辺の異民族のなかでは特異な集団として扱われていた」と指摘している。

「反文明」を貫《つらぬ》いた倭人の国

なぜ、日本列島と倭人が注目されたのだろう。それは、倭人が「反文明」を貫いたからではなかったか。文明の狂気に辟易していた中国の知識人の中に、「すなおで、心優しい人々が東方の島国に住んでいるらしい」と、噂《うわさ》になっていたのではなかったか。

明治政府の要請で来日したお雇い外国人の中には、野蛮と思っていた日本人が、「なぜこんなに朗《ほが》らかに笑い、幸せそうなのか」と驚き、彼らの文明を押しつけることに苦悩していた例があった。

事実、ヤマト建国も、「文明に抗った人々によってなされたのではないか」という発想が、次第に考古学者の間で広まってきたように思う。

たとえば、弥生時代後期の西日本は、大きく見てふたつのグループに分かれていた。「文明派」と「反文明派」だ。北部九州を中心とする「銅剣《どうけん》・銅矛」の文化圏は、首長や王が銅剣や銅矛を威信財《いしんざい》にしていたが、東側の「銅鐸《どうたく》文化圏」は、銅鐸を巨大化させ、非実用の道具にしてしまった。それは、首長に独占させず、集落のみなで祀るためと考えられている。強い王を生み出さない平等志向の意思が働いていた。じつは、ヤマト建国の基礎を築いたのは、銅鐸文化圏の人々だった。

それだけではない。奈良盆地と周辺の地域の人々は、文明に抗おうとしていたようなのだ。北部九州や日本海側で鉄器の保有量が増大していく中、なぜか近畿南部（ヤマトの周辺）の人々は、鉄を拒絶していたかのように見えるのだ。ヤマト周辺では、石器の流通といった「互恵《ごけい》的な社会システム」を守り続け、均等な社会を目指していたようだ。

近畿南部では青銅器を手に入れることができたが、銅剣を作ることはなかった。その代わり、石製短剣が流行していた。石を武威の象徴とし、首長が独占するのではなく、多くの人々が手に入れていた。これは、強く富を独占した者が銅剣や銅矛を独占する社会とは、隔絶していたのである。

ヤマト建国は「強い王による征服戦」ではなかった

近畿南部の人たちは、いったい何を考えていたのだろう。

地政学的に見て、奈良盆地は西日本にあって、東日本的な場所に位置していた。東日本勢力が西からやってくるパワーを押し返すには、奈良盆地が必要だったのだ。

すでに縄文から弥生の移り変わりの時、橿原市に東北地方で流行った土偶《どぐう》が集まり、稲作を拒む呪術が執《と》り行なわれていたようだ。奈良盆地の西側は生駒山系と葛城《かつらぎ》山系が立ちはだかり、なかなか西側の人間は、この壁を越えることはできなかったのだろう。また、壁を越えたとしても、奈良の盆地の東側も高台になっていて、東側の勢力がここをおさえてしまえば、奈良盆地に安住はできなくなる。物部氏が吉備出身で、だからこそ大阪府八尾市付近に拠点を構え、なおかつ生駒山系と山麓《さんろく》をおさえた意味は大きい。要は、「東に対する警戒」である。

縄文文化と弥生文化の東西ラインは、関《せき》ヶ原《はら》やJR高山本線《たかやまほんせん》にあるのではないかと考えられているが、奈良盆地も、じつは「西側に突き出した東」だった。そこに、三世紀に人々が集まり、ゆるやかな連合国家が生まれた意味は、大きい。ヤマトは「東の独裁権力と文明と進歩を忌避《きひ》した人々が作りあげようとした国」でもあった。

考古学者の寺前直人《てらまえなおと》は、次のように述べている。

「一時的とはいえ近畿地方南部を中心とした列島中央部の人びとは、大陸・半島からもたらされた魅力的な文明的価値体系に抗することに成功した」(『文明に抗した弥生の人びと』吉川弘文館)

この指摘は無視できない。

昔は、ヤマト建国と言えば、強い王による征服戦と信じられていたのだ。しかし、ヤマト建国のいきさつがしだいに明らかになるにつれて、奇妙なことがわかってきた。鉄器を持っていない地域に、国の中心ができたこと、真っ先に盆地の東側に流れこんできた人々が、強い王を望まない銅鐸文化圏の人々で、彼らは前方後方墳(前方後円墳ではない)を編み出し、東日本各地にいち早く伝えていたことである。

箸墓《はしはか》が誕生（ヤマト建国）する古墳時代直前の前方後方墳と前方後円墳の分布を見れば、独裁者を嫌う東日本の強い意志を感じとることができる。ヤマト建国は、征服戦でもなければ、強い王の権力奪取でもなかった。弱い者たちが寄り添い、北部九州に圧力をかけた事件だったのだ。

弱い者たちが担ぎ上げた〝弱い王〟

ところが、きれい事ばかり言っていられなかった。そこは、人間のやることだ。やはり主導権争いが勃発し、北部九州に進出していた神功皇后らは、裏切られた。この結果、吉備を中心とする瀬戸内海勢力がひとり勝ちしたのだ。ヤマト建国ののち、一気に瀬戸内海的な前方後円墳が日本各地に伝播していった意味は大きい。近江と東海の編み出した前方後方墳は、前方後円墳体制の軍門に降《くだ》った。

ただし、瀬戸内海政権にとって予期せぬことが起きた。それは、人口が半減するほどの疫病の蔓延であり、「祟りにほかなるまい」と、恐れた。

ここは、偶然が幸いし、南部九州に逼塞していた神功皇后の末裔が、王としてヤマトに招かれたのだろう。こうして、はからずも、実権を手にしない弱い王（大王《おおきみ》。のちの天皇）が生まれたのだ。

北部九州を制圧した神功皇后が、じつは邪馬台国の台与（トヨ）であり、その子、あるいは子孫が南部九州に逼塞し、のちにヤマトに連れてこられたという「あまりにも偶然性に満ちたストーリー（仮説）」も、これらの考古学の知見から、信憑性を高めていくと思う。

巨大な前方後円墳を見れば、強い王を想像しがちだが、これは誤解だ。世界の王の墓を例に挙げればわかる。造られるのは、王の住む都のまわりだけだ。ところが日本の場合、日本各地の首長たちが、それぞれの地方に巨大前方後円墳を造っていった。このような例は世界史的には珍しいことで、古代日本が「地方分権社会」だったことを示している。

瀬戸内海政権の中枢は、神武天皇即位ののち、王に自家の娘をあてがい、生まれた子を自家で育て（通い婚）、成長すると王に立て、うまくコントロールすることが可能となった。

これが、考古学の示すヤマト建国の様子である。

この「弱い者がヤマト建国のきっかけを作った」「事実、実権を持たない祭司王が立った」というこれらのいきさつこそ、人類史レベルで見ても稀有《けう》な出来事であり、「弱い王」はその後、律令制度が整ったのちも、維持されていった。天皇の命令は絶対だが、天皇は太政官《だいじょうかん》が合議で決めた案件を追認するのが、原則であった。

やはり縄文時代からあと、日本人は、文明や進歩、権力を嫌い続けていったようだ。それは、われわれがどうしようもなく多神教的信仰を捨てきれないからであり、それを恥じる必要はない。

こうして、邪馬台国とヤマト建国の詳細は、明らかにできたと思う。

おわりに

これまで、何冊か邪馬台国《やまたいこく》にまつわる本を書いてきたが、この本の中で新たに強調したかったことは、三つある。

まず、「魏志倭人伝《ぎしわじんでん》」に描かれた伊都国《いとこく》と奴国《なこく》の関係から、三世紀の北部九州の分裂状態を割り出したかったこと、考古学は「奴国にヤマトの人々が流れこんでいた」ことを明らかにしていて、邪馬台国が奴国ではなく伊都国に一大率《いちだいそつ》を置いたところに、邪馬台国論争解決のヒントが隠されていたことである。

第二に、『日本書紀《にほんしょき》』神話が神功皇后《じんぐうこうごう》と応神《おうじん》天皇の時代に形を変えて繰り返し語られていたことから、ヤマト建国の真相は、分解されたあと、組み直されていたと考えた。初代王（神武《じんむ》）と第十五代王（応神）が、九州から東に向かい、政敵と争ったのだから、同一人物だった可能性は高い。

『日本書紀』は、神功皇后と応神天皇を補佐し続けた「ヤマト建国時の功臣・武内宿禰《たけのうちのすくね》」が蘇我《そが》氏の祖だったことを隠すために、あらゆる手段を構築したのだと思う。その過程で、神功皇后の活躍の時代をずらしたのだろう。よく言えば、涙ぐましい努力だった。しかし、最新の考古学の物証は、「ヤマト建国前後の流れは、そっくりそのまま神功皇后の九州征討と重なっていた」ことを示している。また、神功皇后説話の「軍事行動」は、地政学的に理にかなっていて、単純な創作ではないことを証明している。

そして第三に、われわれが邪馬台国論争にうつつを抜かしているうちに、考古学は「世界的に見ても稀有《けう》なヤマト建国」に気づき始めていたことだ。文明に抗《あらが》った人びとによる快挙（？）であり、多神教世界の人々によって支えられた王（のちの大王《おおきみ》や天皇）が担《かつ》ぎ上げられたことがわかってきた。これほどおもしろい歴史がどこにあるだろうか。

なお、今回の執筆にあたり、ＰＨＰ研究所の前原真由美氏、編集担当で『縄文神社　首都圏篇』（飛鳥新社）の著者でもある武藤郁子氏、歴史作家の梅澤恵美子氏に御尽力いただきました。あらためてお礼申し上げます。

合掌

参考文献

『古事記祝詞』日本古典文学大系（岩波書店）
『日本書紀』日本古典文学大系（岩波書店）
『風土記』日本古典文学大系（岩波書店）
『萬葉集』日本古典文学大系（岩波書店）
『続日本紀』新日本古典文学大系（岩波書店）
『新訂　魏志倭人伝・後漢書倭伝・宋書倭国伝・隋書倭国伝』石原道博編訳（岩波文庫）
『新訂　旧唐書倭国日本伝・宋史日本伝・元史日本伝』石原道博編訳（岩波文庫）
『三国史記倭人伝』佐伯有清編訳（岩波文庫）
『先代旧事本紀』大野七三（新人物往来社）
『日本の神々』谷川健一編（白水社）
『神道大系　神社編』（神道大系編纂会）
『日本書紀』新編日本古典文学全集（小学館）
『古事記』新編日本古典文学全集（小学館）
『日本の歴史02　王権誕生』寺沢薫（講談社）
『史跡で読む日本の歴史2』岸本直文編（吉川弘文館）
『魏志倭人伝の考古学　歴博ブックレット①』佐原真（歴史民族博物館振興会）
『古代日本の航海術』茂在寅男（小学館）
『市民の考古学13　古代日本と朝鮮半島の交流史』西谷正（同成社）

『研究史　邪馬台国』佐伯有清（吉川弘文館）
『研究史　戦後の邪馬台国』佐伯有清（吉川弘文館）
『崇神天皇と卑弥呼』肥後和男（弘文堂）
『日本古代国家』水野祐（精選復刻紀伊國屋新書）
『国語国文』二四巻五　京都大学文学部国語学国文学研究室編（臨川書店）
『学芸三七』小野勝年・三品彰英・織田武雄ほか（秋田屋）
『神道学　第10号』神道学会編（神道学会）
『古代を考える　邪馬台国』平野邦雄編（吉川弘文館）
『倭国の謎』相見英咲（講談社選書メチエ）
『人類にとって戦いとは1　戦いの進化と国家の生成』福井勝義・春成秀爾編（東洋書林）
『農業は人類の原罪である　進化論の現在』コリン・タッジ著、竹内久美子訳（新潮社）
『日本人と日本文化　その起源をさぐる』ニュースレターNO．２（国際日本文化研究センター）
『倭人伝を読みなおす』森浩一（ちくま新書）
『古代出雲王権は存在したか』松本清張編（山陰中央新報社）
『倭王権の時代』吉田晶（新日本新書）
『日本海域の古代史』門脇禎二（東京大学出版会）
『「前方後方墳」出現社会の研究』植田文雄（学生社）
『瑞垣』神宮司庁広報室編（神宮司庁）
『奴国の滅亡』安本美典（毎日新聞社）
『魏志倭人伝の考古学』西谷正（学生社）

『「邪馬台国＝畿内説」「箸墓＝卑弥呼の墓説」の虚妄を衝く！』安本美典（宝島社新書）
『岩波講座　日本通史　第2巻　古代1』朝尾直弘ほか編（岩波書店）
『日本神話の構造』大林太良（弘文堂）
『古事記成立考』大和岩雄（大和書房）
『金印研究論文集成』大谷光男編著（新人物往来社）
『海人たちの足跡』永留久恵（白水社）
『倭人伝の国々』小田富士雄編　武末純一・寺沢薫・平田定幸・宮崎貴夫・渡辺貞幸（学生社）
『遥かなる海上の道』小田静夫（青春出版社）
『古代朝鮮と倭族』鳥越憲三郎（中公新書）
『日本人のルーツがわかる本』［逆転の日本史］編集部編（洋泉社）
『文明に抗した弥生の人びと』寺前直人（吉川弘文館）
『日本書紀　成立の真実』森博達（中央公論新社）
『日本の歴史1　神話から歴史へ』井上光貞（中公文庫）

著者紹介
関　裕二（せき　ゆうじ）
1959年、千葉県柏市生まれ。歴史作家。武蔵野学院大学日本総合研究所スペシャルアカデミックフェロー。仏教美術に魅せられて足繁く奈良に通い、日本古代史を研究。文献史学・考古学・民俗学など、学問の枠にとらわれない広い視野から日本古代史、そして日本史全般にわたる研究・執筆活動に取り組む。
主な著書に、『蘇我氏の正体』（新潮文庫）、『豊璋 藤原鎌足の正体』（河出書房新社）、『ヤマト王権と十大豪族の正体』『検証！ 古代史「十大遺跡」の謎』『古代日本人と朝鮮半島』『万葉集に隠された古代史の真実』『こんなに面白かった 古代史「謎解き」入門』『地形で読み解く古代史の謎』『古代史に隠された天皇と鬼の正体』（以上、PHP文庫）、『海洋の日本古代史』（PHP新書）など。

本書は、書き下ろし作品です。

ＰＨＰ文庫　邪馬台国とヤマト建国の謎

2021年12月16日　第１版第１刷

著　　者　関　裕二
発行者　永田貴之
発行所　株式会社ＰＨＰ研究所
東京本部　〒135-8137 江東区豊洲5-6-52
PHP文庫出版部　☎03-3520-9617（編集）
普及部　☎03-3520-9630（販売）
京都本部　〒601-8411 京都市南区西九条北ノ内町11
PHP INTERFACE　https://www.php.co.jp/

組　　版　有限会社エヴリ・シンク
印刷所　株式会社光邦
製本所　東京美術紙工協業組合

©Yuji Seki 2021 Printed in Japan
ISBN978-4-569-90177-0
※本書の無断複製（コピー・スキャン・デジタル化等）は著作権法で認められた場合を除き、禁じられています。また、本書を代行業者等に依頼してスキャンやデジタル化することは、いかなる場合でも認められておりません。
※落丁・乱丁本の場合は弊社制作管理部（☎03-3520-9626）へご連絡下さい。送料弊社負担にてお取り替えいたします。

PHP文庫

地形で読み解く古代史の謎

関 裕二 著

地形を見れば、古代史の意外な真実が見えてくる！ 神話から縄文、邪馬台国、ヤマト建国、大化改新、平安まで歴史の「なぜ？」に迫る。